KB190709

성경의 눈으로 읽는 18가지 고전이야기

성경으로
고전을 만나다

성경으로 고전을 만나다

지은이 김 한원
펴낸이 이 운연
초판발행 2015년 2월 22일

펴낸곳 그라티아출판사
주소 전남 여수시 충민로 175(상가1호)
전화 070-7164-0191
팩스 070-7159-3838
홈페이지 http://www.4re.co.kr
이메일 luypark@hanmail.net
디자인 디자인집 02-521-1474
ⓒ 그라티아출판사 2015

값 12,000원

ISBN 978-89-965712-7-8 03230

Printed in Korea

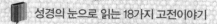
성경의 눈으로 읽는 18가지 고전이야기

성경으로
고전을 만나다

허클베리 핀의 모험 · 좁은 문 · 죄와 벌 · 레미제라블 · 주홍글씨 · 부활
파우스트 · 신곡 · 순교자 · 침묵 · 율화 · 파리대왕 · 로빈슨 크루소
로마의 성공, 로마제국의 실패 · 유토피아 · 묵자 · 한비자 · 장자

김 한원 지음

G 그라티아

CONTENTS

고전은 인류의 정신사를 대표한다. 인간 심성 일반을 고전보다 더 잘 보여주는 문헌은 없다. 일반인들 사이에 공감대도 넓고도 장구하다. 읽어야 하는데 읽지를 않는다. 그래서 '고전'이다. 안내서가 필요하다. 김 한원 목사님의 신작『성경으로 고전을 만나다』는 이런 필요에 부응한다. 기독인과 고전의 설레는 만남을 주선한다.

이 책은 저자 자신의 독서법과 성경적인 관점으로 고전을 읽은 사례들로 구성되어 있다. 읽으면서 무엇보다 저자의 감미로운 언어에 매료된다. 독서가의 풍성한 어휘와 표현력이 제공하는 높은 가독성 때문이다. 정말 술술 읽힌다. 저자의 엄선된 고전 읽기 사례들은 기독교와 인문학의 만남이 어떠해야 하는지를 잘 보여준다. 그리고 저자의 고전 읽기 접근법은 기독교적 관점이 전제되어 있지만 꼼꼼한 읽기와 정밀한 분석과 현실적인 적용에도 충실하다. 특별히 저자가 제공하는 각 고전의 핵심 키워드는 독자에게 그 고전을 읽지 않았어도 마치 숙독한 듯한 느낌까지 제공한다. 그렇게 함으로써 고전 읽기에도 전체를 관통하는 혈맥이 있음을 보이고 그것을 잡아내는 감각도 독자에게 무상으로 제공한다.

동서양의 문헌들을 넘나들며 독자와 고전과의 만남을 주선하는 저자의 친절은 거기에서 그치지를 않는다. 각각의 고전 읽기 사례마다 최고의 역본을 소개하고 함께 읽으면 좋을 책 목록도 제공한다. 이 책의 말미에는 자신의 독서법과 구체적인 고전 글 읽기의 순차적인 방법까지 공개한다. 여기서는 독자들을 향한 목회자적 애정과 친절마저 느껴진다. 내 눈에, 이 책은 목회자요, 지성인인 김 한원의 신앙과 지성의 지면화다.

한 병수 박사
(Calvin Seminary, 아세아연합신학대학교 교수)

　　개혁신앙인을 위한 월간지 『re』를 알고는 있었지만, 감히 필자가 되리라는 생각은 못했습니다. 발행인 이 운 연 목사님과는 10여 년 전 성경 원어 프로그램 때문에 통 화를 한 인연뿐이었으니까요. SNS를 통해 책읽기에 대 한 제 글들을 보시고는 원고를 부탁하셨습니다. 책 이야 기를 해달라고 하셨습니다. 전문 분야야 기라성 같은 필 진이 있으시니 신학 서적은 되도록 피하다 보니 '인문 고 전'을 주로 다루게 되었습니다. 이제 제법 단행본이 될 만 큼 모였습니다. 인문학과 성경 원어에 대한 연구가 종교 개혁의 밑거름이 되었다는 저의 판단에 이 운연 목사님 이 동의해주셨고, 그래서 인문학이 『re』의 한 축이 되어 야 한다는 점에서도 합의가 있었습니다. 이 목사님의 격 려가 있어 더 용기를 낼 수 있었습니다. 월간지에 장(場) 을, 말 그대로 놀 수 있는 '마당'[場]을 마련해주시고, 이제 이렇게 단행본으로 내주신 이 운연 목사님께 진심으로 감사를 드립니다.

전문적인 분석은 아니지만, 직접 책을 읽으며 씨름했던 이야기이기에 독자 여러분께 더 쉽게 다가갈 수 있지 않을까 용기를 내어봅니다. 한 가지 말씀드리고 싶습니다. 이 책에 실린 이야기들은 어쩌면 초청일 뿐입니다. 여러분도 고전의 세계에 들어가 여기저기 거닐며, 대화하는 즐거움을 느끼신다면 저도 기쁘겠습니다.

김 한원 드림.

책 읽기 좋아하세요? 어떤 책 좋아하세요?

고전(古典)은 어떻게 생각해요? 부담스럽죠? 가벼운 소설이나 잡지도 아니고, 옛날 사람이 쓴 이야기, 게다가 1,000페이지가 넘는 두꺼운 책이라면, 아우! 정말 무겁죠. 내용은 더 무겁습니다. 그래도 유명한 책이니 읽어야 된다 싶어 억지로 읽어나가다 보면 너무 머리 아픕니다. 이런 책을 꼭 읽어야 하나, 의구심이 듭니다.

몇 해 전 일입니다. 자주 들르는 가까운 헌책방에 익히 아는 러시아 소설이 책장에 꽂혀 있었습니다. '한 번 읽어볼까?' 가벼운 마음으로 책을 샀습니다. 하지만 무거운 마음으로 좌절했습니다. 다시 도전하고 또 좌절했습니다. 내용도 그렇거니와 왜 같은 사람의 이름이 그렇게 여러 가지인지….

다른 방법을 쓰기 시작했습니다. 등장인물들을 제가 아는 주변 사람들과 연결해 보고, 주인공에게 직접 상담을 해주었습니다. 책 속의 인물들과의 대화, 그거였습니다. 이야기를 나누다 보니 내용이 복잡하지 않았습니다. 쉽고, 재미있고, 말 그대로 책 속에 빨려 들어갈 수 있었습니다.

서양 고전들은 어떤 형태로든 성경 내용이 짙게 깔려 있습니다. 그래서 목사인 제게는 이해가 더 쉬웠습니다. 성경을 아는 분들은 저와 비슷한 경험을 할 수 있으리라 생각됩니다. 동양 고전 역시 성경의 도움을 받을 수 있습니다. 익히 아는 성경의 가르침, 그에 따른 우리의 생각에 비추어서 저자와 대화하듯 읽어나가면 길 잃고 헤매는, 그래서 지루해지는 일은 없습니다.

이런 저의 독서법은 제일 마지막에 실었습니다. 이 방법을 따라서 고전을 읽어 낸 결과가 여기 17편의 글입니다.

고전은 짧게는 100년, 길게는 수 천년의 세월을 견뎌내면서 살아남았습니다. 그만큼 시대와 문화를 초월해 공감할 수 있는 이야기를 담고 있습니다. 우리도 한 번 귀 기울여 봅시다.

1. 대화

『허클베리 핀의 모험』

『좁은 문』

사람을 제일 잘 알아가는 방법은 '대화'가 아닐까요? 독서도 마찬가지입니다. 작품 속 인물과 이야기하면, 깨달음도 깊어지고 즐거움이 시작되지요. 자, 말썽꾸러기 친구와 늘 심각하고 지나치게 고민 많은 이를 소개합니다. 그들의 이야기를 먼저 듣고 말을 건네 보시지 않겠습니까?

너도 교회에 나가니?
– 마크 트웨인, 『허클베리 핀의 모험』

고전(古典)이란 무엇일까요? 마크 트웨인은 이에 대한 매우 재미있는 정의를 내렸습니다. "누구나 읽었다고 하고싶지만, 절대 읽지는 않는 책[1]"이라고 말입니다. 정말 그렇습니다. 더구나 만화나 영화, 축약본이 아닌 원전을 기준으로 한다면 널리 알려진 고전이라 하여도 제대로 읽은 사람은 드뭅니다. 원전이 아니라 번역본을 기준으로 하더라도 5권짜리 『레 미제라블』이나, 이름이 복잡하기로 유명한 톨스토이, 도스또옙스키의 러시아 소설들을 완독한 사람이 얼마나 될까요? 이 책을 읽고 있는 독자들은 예외일지도 모르겠지만 말입니다.

그런데 도리어 마크 트웨인 자신의 책은 잘 읽히지 않는 책이 고전이라는 이러한 정의에서 벗어나는 것 같

---

1 "A classic is something everybody wants to have read, but no one wants to read."

습니다.『톰소여의 모험』,『왕자와 거지』그리고 소개할
『허클베리 핀의 모험』등은 세계적으로 가장 널리 읽히
는 책들에 속하지요. 제목이 익숙할 뿐더러 어린 시절 누
구나 한번 쯤은 읽어본 그런 책들입니다. 특별히 그의 글
에는 재치와 유머가 가득합니다. 묵직한 '고전'의 느낌이
들지 않을지 모르지만 그렇다고 마크 트웨인의 작품이
문학적 가치가 없지는 않습니다. 특히『허클베리 핀의 모
험』은 어니스트 헤밍웨이가 "모든 미국 현대 문학이 이
책 한 권에서 시작되었다"고 할 정도로 높은 평가를 받습
니다. 자유라는 주제가 미국인의 특징을 나타내기도 하
고, 자연스러운 일상어의 구사 등, 후대 작품의 모범이 되
었다고 합니다.

　　그런데 어이쿠 이런 첫 페이지를 열다 보니 이런 경
고문이 붙어 있습니다.

경고문

- 이 이야기에서 어떤 동기를 찾으려고 하는 자는 기소
  할 것이다.
- 이 이야기에서 어떤 교훈을 찾으려고 하는 자는 추방
  할 것이다.

> • 이 이야기에서 어떤 플롯을 찾으려고 하는 자는 총살
> 할 것이다.

이 작품에 대하여 이야기하려면 목숨까지 걸어야 될지도 모르겠습니다.

경고문의 내용과 같이, 『허클베리 핀의 모험』은 치밀한 플롯을 찾기도 어렵고, 악동의 모습에서 모범적인 교훈을 찾는 것도 만만치 않죠. 읽을 때 특별히 심각하게 생각하지 않고 재미있게 낄낄거리며 읽는 것이 저자의 의도일지도 모르겠습니다. 하지만 이 작품은 19세기 당시의 다양한 미국 남부 사투리로 써서, 그 분위기를 옮기기가 쉽지 않을뿐더러, 설령 영어 원본을 읽을 실력이 있는 독자라도 이해와 재미를 느끼려면 당시 시대 문화적 배경을 잘 알아야 합니다. 외국 코미디를 이해하기가 가장 어렵다는 말도 있지 않습니까? 그리고 어느 정도 언어의 장벽을 넘었다 하여도 『허클베리 핀의 모험』은 읽기가 불편하도록 만드는 요소들이 있습니다. 흑인을 '깜둥이(Nigger)'라고 부르는 인종차별적 표현이야 19세기 미국 남부라는 시대 상황을 고려하고, 당사자가 아니므로 넘어갈 수 있어도, 작품 전반에 등장하는 기독교에 대한 풍자와 조롱은 어떤가요?

그렇다고 해서, 『허클베리 핀의 모험』이 성도들이 읽지 말아야 할 금서라고는 생각하지 않습니다. 일단 행간을 읽어보면, 대상이 기독교 신앙 자체라기보다는 '경직된 기독교'에 대한 조롱이기 때문이기도 하고요. 진정한 기독교가 아닌 사기꾼이 꾸며내는 거짓에 대한 비아냥이죠. 또 주인공을 보면 가정환경도 불우하고, 또 장난도 많이 치면서 또 늦잠 때문에 교회를 지각하거나 결석하는, 어느 교회에서나 있을 법한 초등부 6학년쯤 되는 장난꾸러기가 떠오릅니다. 즉 『허클베리 핀의 모험』은 과거의 글이지만, 현재의 문제를 돌아보게 하는 고전의 가치를 보여주는 작품이라는 말씀입니다.

저자의 경고처럼, 특별히 문학적으로 치밀한 구성은 없어도, 정신없는 소동의 연속 가운데 먼저 이해의 열쇠로 잡을 것은 이 작품이 '자유를 찾아 떠나는 여행'의 흐름이 있다는 점입니다. 이 소설의 주요 등장인물이라고 한다면, '허클베리 핀'과 흑인 '짐'인데, 이들이 여러 우여곡절과 모험을 거쳐 자유를 찾아가는 모습이 핵심 줄기입니다.

허클베리 핀은 도입에서부터 마크 트웨인의 전작 『톰소여의 모험』과 이어지는 이야기임을 말해줍니다. 허크는 톰 소여와의 모험 끝에 살인범이 숨겨놓은 거액의 금화를 동굴 속에서 발견하여 큰 부자가 되었습니다. 하지만 허크는 원래 안정적인 가정의 돌봄을 받지 못하고 살았었기에 그 후 과부댁의 양자가 됩니다. 엄격한 예절 교육과, 하나님의 사랑과 지옥에 관한 설교를 듣는 등 신 앙교육까지 받던 참이었죠. 하지만 야생마처럼 자라던 아 이에게 이런 교육이 귀에 잘 들어왔을까요?

> 저녁 식사가 끝나면 과부댁은 으레 성경책을 꺼내 들고 는 나에게 모세와 갈대 바구니에 관한 이야기를 가르쳐 주었고, 나는 땀을 뻘뻘 흘려가며 그 사람에 관해 하나도 빼놓지 않고 배워야만 했습니다. 그러다가 이 마나님이 그만 모세가 아주 오래전에 이 세상을 떠난 사람이라는 사실을 말하고 말았습니다. 나는 죽은 사람에게는 눈곱 만큼도 관심이 없었고, 그다음부터는 그 사람에 대해서 는 신경을 모두 꺼버리기로 했지요.   – 제1장

좀이 쑤셔서 견딜 수 없었던 허크는 밤이면 몰래 밖 에서 아이들과 어울려 톰이 조직한 갱단에 가담하여 해적 놀이를 즐기곤 했는데, 이러던 와중에 한동안 어디로 갔 는지 알 수 없었던 아버지가 나타납니다. 아마도 동굴에 서 찾은 보물에 욕심이 생겨서였겠지요. 하지만, 무자비 하게 매질하는 술주정뱅이 아빠가 달가울 리 없었습니다.

나는 방 안으로 들어와 문을 닫았습니다. 그러고 나서 뒤를 돌아보니 바로 거기 아빠가 있었습니다. 지독하게 매를 맞아 왔기 때문에 나는 아빠만 보면 겁이 덜컥 났습니다.

– 제5장

더글라스 과부댁[2]의 엄격한 교육보다는 자유로운 삶이 오히려 편안하였어도, 아버지의 폭력은 더 견딜 수 없었기에, 자신이 살해당한 것처럼 위장하고 미시시피 강을 따라 도망가서 잭슨 섬에 상륙합니다. 거기서 흑인 노예 짐을 우연히 만나게 됩니다. 그는 자신을 팔아 버리려고 하는 주인의 말을 엿듣고 겁이나 도망쳐 온 것이었습니다. 말하자면 노예 신분에서 자유로워지려는 목표를 가지고 있었던 짐과 자신을 학대하는 아버지, 혹은 간접적으로 틀에 박힌 교육을 참을 수 없었던 허크가 잭슨 섬에서 만나 자유를 찾아 함께 떠나는 여행을 시작하게 됩니다.

이들의 탈주가 더 박진감 넘치는 이유는 마을 사람들은 짐이 허크를 살해하고 도망친 것으로 오해했기 때문입니다. 허크가 살해되었다고 생각[3]해서 마을 사람들은

---

2 거북스런 표현이지만 원작에 허크의 성격을 강조하기 위해 호칭이나 묘사가 반복된다는 것을 고려하시기 바랍니다.

3 허클베리 핀에는 사람이 죽는 장면이 몇 번 나오지만, 음산하거나 추리 소설 같이 심각

짐을 잡으려고 잭슨 섬으로 수색대를 보내려 합니다. 이 소식을 듣고 허크와 짐은 뗏목을 타고 강으로 도망합니다. 짐의 계획은 오하이호 강을 거슬러 올라가 노예제도가 없는, 자유로운 주로 탈주하여 자리를 잡고 충분한 돈을 모아 가정을 이루는 것이었죠. 허크는 짐과 동행을 하며 몇 번 내면적인 갈등을 겪습니다. 노예 짐의 도피를 도우면 법을 어기게 되고, 그렇다고 주인에게 돌려주기 위해서 일러바치는 것은 양심을 거스르는 일이어서였지요.

이 일을 생각하면 생각할수록 점점 내 양심은 나를 괴롭히고, 점점 더 내가 나쁘고 비열하며 야비한 놈으로 생각되었습니다. 마침내 바로 그때 갑자기 이런 생각이 언뜻 머리를 스쳤습니다. 이것은 분명히 섭리의 손길이 내 뺨을 후려갈기면서 나에게 아무 해도 끼친 일이 없는 불쌍한 노파로부터 검둥이를 훔쳐내고 있을 동안 하나님께서 저 하늘에서 내 악행을 보고 계시다는 것을 깨우쳐주는 것이라고요. … 나는 기도를 올리기로 결심했습니다. 과거의 내가 아니라 좀 더 훌륭한 아이가 될 수 있을

_____

한 분위기는 아닙니다. 어떻게 보면 폭력적인 부분이 익살과 소동이라는 명랑 만화(?)와 같은 분위기로 묘사된다는 것이 문제일수도 있겠습니다.

물론 허클베리 핀이 이 대목에서 회개의 기도를 올리거나, 열심히 주일학교에 다시 나가기를 결정하지는 않습니다. 익살과 소동으로 가득 찬 소설 가운데서 가장 진지하게 고민하다가 짐이 어느 곳에 있는지 주인에게 알려주려고 했던 편지를 북북 찢고, "좋아 난 지옥으로 가겠어."라고 외치면서 악동다운 결정을 내립니다. 이 '지옥에 가겠다는 결심' 때문에, 지금보다도 더 경건(?)했던 19세기말 미국 사회에서 『허클베리 핀의 모험』을 금서(禁書) 취급하는 경우도 많았습니다.

허크와 짐은 자유를 위한 탈주 과정에서 갖가지 유형의 인물들을 접촉합니다. 난파선에서 강도질을 하고 살인까지 한 악당을 만나기도 하고, 원한 때문에 두 귀족 가문이 서로에게 저지르는 잔인한 일을 보기도 합니다. 유일하게 진정한 자유와 평화를 느낄 수 있는 시간은 뗏목 위에서 머무를 때였지요. 그러나 왕과 공작이라는 사기꾼이 뗏목에 침입하면서 이런 평화는 깨어집니다. 이들은 뗏목을 강변 마을마다 멈추게 하고, 어리숙한 마을사람들을 상대로 사기행각을 벌여서 큰돈을 벌기도 합니다.

주목할 것은 이러한 악당들의 사기 행각에서 주로 등

26 · 성경으로 고전을 만나다

장하는 내용이 달에 있는 사람에게 선교한다고 돈을 모은 다든지, 사기꾼 부흥사의 모습을 보여주거나 아니면 영국에서 이어진 전통문화에 대한 조롱의 모습이 보인다는 점입니다. 여기에서 놀라운 점은 백 수십 년 전의 미국을 배경으로 하는 묘사임에도 불구하고, 마치 우리나라 교회의 어두운 모습을 풍자적으로 그린 느낌을 받기도 했습니다.

하지만 이들의 사기 행각이 언제나 성공적이었던 것은 아닙니다. 계획이 뜻대로 잘되지 않자, 사기꾼 공작과 왕은 허크가 없는 사이에 짐을 노예로 팔아버리고, 허크는 짐이 펠프스 농장에 감금되었다는 것을 알게 됩니다. 이 농장의 주인은 그의 친구 톰 소여의 삼촌이었습니다. 그런데 삼촌 부부는 톰을 아직 본 적이 없었죠, 삼촌 부부는 허크가 톰이라고 생각하고, 또 톰은 자기가 동생 시드라고 이야기하는 등 복잡한 소동 끝에 짐과 함께 탈출하게 됩니다. 하지만 곧 추격이 이뤄지고 이 과정에서 톰은 부상을 입습니다. 결국 짐은 농장에 다시 잡혀 오지만, 톰은 짐의 주인인 왓츤 양이 유언에서 짐을 이미 해방시켰다는 말을 삼촌 부부에게 전하고, 짐은 이제 완전한 자유를 얻어 자유인이 됩니다. 그러면 주인공 허크는 어떤 길을 가게 될까요? 그곳에 머무르지 않고, 인디언 부락으로 떠나려고 합니다. 왜냐하면 농장 부부가 다시 허크를 양자로 삼아 '교양 있는' 사람으로 만들려고 하기 때문이죠.

제가 현장에서 목회하고 있는 사람이어서 그럴까요? 소설 속의 등장인물들을 만나게 될 때에 목회 현장에서 만나게 되는 성도들이 떠오릅니다. 소설 『허클베리 핀의 모험』을 읽으면서도 '이런 아이를 실제로 만난다면 어떻게 도울 수 있을까?' 이런 생각이 떠나지 않았습니다. 그리고 여러모로 허클베리 핀에 대조적인 소설 속 등장인물로 앙드레 지드 『좁은 문』의 알리사가 떠올랐습니다.[4] 알리사가 어머니에게 받은 상처로 필요 이상 자신을 억압하는 형태로 신앙의 모습을 가진 인물이었다고 한다면, 허클베리 핀은 그 반대로 아버지에게 받은 상처와 불우한 환경으로 도리어 자유분방한 삶을 추구하는 소년이었기 때문이죠. 결국, 우리의 교회는 강박적이고 매인 것 같은 신앙을 가진 이들에게는 그리스도 안에서의 자유를, 또 허클베리 핀 같은 이들에게는 포근한 가정과 같은 교회의 모습으로 예수의 사랑을 느끼도록 전할 책임이 있지 않나 생각됩니다.

『허클베리 핀의 모험』에 사기꾼들을 통한 기독교인

---

4 p.33 이하에서 『좁은 문』을 다뤘습니다. 더 자세히 살펴보기 원하시는 분들은 참고하시기 바랍니다.

들에 대한 풍자가 있기는 하지만, 그들이 실제 선교사나 설교자들은 아니었고요, 말 그대로 '사기꾼'들이었습니다. 도리어 불우한 허크를 품어주려고 하는 부인이나, 톰의 삼촌 내외 같은 경우에도 따뜻한 신앙인의 모습을 볼 수 있습니다. 하지만 시대 분위기 탓인지 답답해 보인다는 것이 문제죠. 꽉 막힌 모습이 아니라, 좀 더 자유롭고 편안한 모습으로 허클베리 핀을 가르칠 수는 없었을까 아쉬움이 듭니다.

> 낚싯바늘이 없다면 낚싯대도 전혀 쓸모가 없게 마련이지요. 그래서 서너 번 낚싯바늘을 주십사 하고 시험 삼아 기도를 해보았지만, 웬일인지 전혀 효과가 없었습니다. 마침내 어느 날 왓츤 아줌마에게 나를 위해 한번 기도해 줄 수 없겠느냐고 부탁해 보았더니 나보고 바보 멍텅구리라고 하는 것이 아니겠습니까, 왜 내가 멍텅구리인지 그 까닭은 얘기해 주지 않았고, 나는 아무리 생각해 봐도 그 까닭을 알 수 없었지요.　　　－제3장

이런 장면에서 허클베리 핀의 질문에 친절히 잘 대답해 주었다면 이야기가 다르게 전개되지 않았을까 생각한다면 소설을 너무 사실처럼 몰두해서 읽어서일까요?

그리고 『허클베리 핀의 모험』은 인종 차별에 대한 생각거리도 던져줍니다. 불쌍한 짐을 가두고 또 아무렇지도 않게 대하는 이들이 신앙이 좋은 남부지역 사람들이었다는 점에서 지금 우리는 사람을 대하는 태도에서 문제가 없는지 돌아보게 되네요.

어린 시절에 마크 트웨인의 소설을 읽을 때는 우당탕 시끄러운 소동과 장난에 웃음 지으며 읽었던 기억이 납니다. 하지만 이제는 그의 이야기를 읽으며, 내 주변에 있는 허클베리 핀들을 어떻게 안아주고 이끌어줄까 고민하게 됩니다. 그래도 허크는 법을 어기는 것에 양심에 찔려하고, 또 착한 아이가 되려는 마음을 먹은 적도 있었고, 또 주일학교 나가지 않았던 것이 마음에 걸리기도 했었거든요. 어렵기는 해도 불가능한 아이는 아니라는 것이죠. 사랑과 돌봄이 필요한 우리 주변의 허크와 짐을 품어줄 수 있는 저와 우리 교회들이 되기를 기도해 봅니다.

추천 번역

1. 마크 트웨인, 김 욱동 역, 『허클베리 핀의 모험』

(민음사, 2009)

『허클베리 핀의 모험』의 번역 중에, 최근에 발굴

된 미발표 원고 전문까지 수록한 번역은 거의 없습니다. 1990년 미국의 저택 다락에서 우연히 발견된 허클베리 핀 미발표 원고본까지 수록하여 번역하였고, 번역하기가 만만치 않은 남부 사투리의 분위기를 살리려고 노력하는 등, 참고할 만한 번역입니다.

2. 마크 트웨인 원작, 마이클 패트릭 히언 주석, 박 중 서 옮김, 『주석 달린 허클베리 핀』(현대문학, 2010)

이 책을 직접 보시면 그 크기와 두께에 압도당할 만 한 책입니다. 『주석 달린~』시리즈는 동화나 널리 알려진 고전을 원문에 주석을 덧붙여 깊은 이해를 돕는 장점이 있습니다. 허클베리 핀의 경우 당시에만 통용되었던 사 투리, 은어에 여러 시대적인 묘사들이 있어서 이해를 하 고 공감하기는 만만치 않은데, 그런 시대 문화적인 간격 을 뛰어넘을 수 있도록 도움을 주는 책입니다.

함께 읽을 만한 책

어린 시절 대부분 많이 읽으셨겠지만, 허클베리 핀 의 전편에 해당하는 『톰 소여의 모험』을 함께 읽는 게 가 장 좋겠습니다.

1. 마크 트웨인, 김 욱동 역, 『톰 소여의 모험』 (민음
사, 2009)

그리고, 과거 7~80년대에 TV만화 시리즈로 『허클
베리 핀의 모험』을 방영한 적이 있습니다. 당시 어린 시
절을 보낸 분들은 주제가도 기억나지 않을까 싶군요. 인
터넷을 찾아보시면 지금도 이 시리즈를 볼 수 있습니다.
기독교에 대한 풍자가 좀 약하기는 하지만, 추억에 잠기
며 한 번 살펴보시는 것도 나쁘지 않을 겁니다.

인간의 영혼이
행복 외에 뭘 더 바란단 말이니

– 앙드레 지드, 『좁은 문』

어느 운동에서나 경지를 넘어서기 위해서는 힘쓰기 못지않게 쓸데없는 곳에 힘을 주지 않는 힘 빼기가 중요하다는 말을 들은 적이 있습니다. 신앙도 비슷하지 않을까 생각해봅니다. 지나친 율법주의, 금욕주의에 빠져 스스로 채찍질하고 애만 쓰다 삶의 기쁨도 잃고 낙담하여 하나님께로부터 멀어지는 경우도 많습니다. 중세 수도사들도 아닌데, 자기만족에 불과한 고행 때문에 참된 신앙에서 멀어지는 것이죠.

앙드레 지드의 좁은 문은 많은 이들이 인간을 억압하는 신앙과 거기에 대립하는 인본주의가 주제라고 이야기합니다. 하지만 저는 이 책에서 또 다른 형태의 "고행주의", 또는 "율법주의"의 폐해를 보았습니다. 주인공의 삶이 진정한 믿음의 좁은 문과 좁은 길을 걸어가는 모습은 아니라는 말입니다. 이 소설은 일단 분량이나 줄거리가 부담스럽지는 않습니다. 지금 우리들의 이야기처럼 생생하고 내용도 길지는 않습니다. 특히 제롬과 알리사가 주고받는 편지는 남녀의 심리를 실감 나게 그리고 있어 실제 주고받은 편지를 옮겨놓은 느낌입니다. 하지만 관건은 등장인물들 마음입니다. 작품에 나타난 인물의 모습은 뭔가 꼬여있고, 신앙에도 자기애가 뒤섞여 있어 깊이 이해하기가 만만치 않습니다.

기본적인 줄거리는 간단합니다. 어려서부터 엄격한 교육을 받고 자란 제롬은 아버지를 여의고, 어머니의 권고에 따라 파리에서 유학합니다. 여름이면 외삼촌이 있는 시골 별장을 방문하는데, 그는 거기서 외사촌 알리사를 보고 사랑의 감정을 느낍니다. 시간이 지날수록 둘의 감정이 깊어져 서로가 각자 삶의 가장 큰 이유가 됩니다. 하지만 둘의 관계가 가까워질수록 여주인공 알리사는 좁은 문과 길로 들어가야 할 완덕(完德)에 방해가 된다고 생각하여 알리사는 제롬과 거리를 두고, 실제로 헤어집니다. 결국, 그녀는 심한 내적 갈등과 약해진 건강으로 목숨을 잃고 그간의 생각이 담긴 일기장을 제롬에게 남깁니다.

분명히 표면적으로 알리사는 신앙 때문에 제롬과의 사랑을 버렸습니다. 사랑까지 버려야 했던 그 이유가 『좁은 문』이라는 제목에 나타납니다. 하지만 조금 깊이 살피면 소설에 나타난 여주인공 알리사의 내적 갈등은 하나님만 따르겠다는 신앙적 결단 때문이라기보다 자신의 어머니에게서 벗어나고자 하는 열망 때문이라 생각됩니다. 왜 알리사는 자기 어머니의 모습에서 벗어나고자 했을까요? 제롬의 외숙모이자, 알리사의 어머니, 뤼실 뷔콜랭은 보티에 목사의 양녀로 실제 부모님이 누구인지는 알지 못합니다. 그녀는 아이들이 보는 앞에서도 애인을 집안에 들일 정도로 자유분방한 여자죠. 제롬이 알리사의 집을 찾았을 때 뤼실은 젊은 중위와 희희낙락 농담을 즐기며 있었고, 그녀의 이러한 행동으로 위층의 알리사는 울고 있습니다.

> 저무는 햇살이 스며드는 창문을 등지고 알리사는 침대 머리에 무릎을 꿇고 앉아 있었다. 내가 가까이 가자, 그녀는 고개를 돌렸지만 일어서지는 않고 조용히 소곤거리듯 말했다. "오! 제롬, 왜 돌아왔니?" 나는 입을 맞추려고 몸을 굽혔다. 그녀의 얼굴은 온통 눈물에 젖어있었다. 이 순간이 나의 일생을 결정하였다. 지금도 나는 괴로움을 느끼지 않고는 그 순간을 회상할 수 없다.

알리사는 이렇게 어머니의 외도로 인한 깊은 상처

가 있었나 봅니다. 이러한 상처가 일견 제롬의 보호본능을 자극하기도 했고요. 결국, 어머니 뤼실은 가족 모두에게 충격을 주며 자신의 정부(情夫)와 도망을 갑니다. 그 주일 보티에 목사의 설교가 바로 마태복음 7장의 '좁은 문' 비유입니다. 방탕한 넓은 길로 가는 삶과 비교하여 좁은 문과 길로 갈 것을 강조하지요. 이 말씀을 들으며 제롬은 마음 속으로 그 좁은 문을 상상합니다.

> 나의 몽상 속에서 그 문을 일종의 압연기(壓延機)[1]처럼 상상했다. 그리고 그 속으로 있는 힘을 다해 간신히 이루 형언할 수 없을 만큼의 고통을 느끼며 들어가고 있었는데, 그 고통은 비록 극심하기는 해도 천국의 지복에 대한 전조가 섞여 있었다.

지드는 작품 내내 천국에 이르는 좁은 길을 이렇게 극심한 고통을 거쳐야만 들어갈 수 있는 곳으로 상정하고 있습니다. 보티에 목사의 설교에 나타난 두 길, 극심

---

1 우리말 성경의 마 7:14에서 '협착(狹窄)'이라고 옮겨진 헬라어 tethlimmene (τεθλιμμένη)는 누르다, 억압하다라는 뜻의 thlibo(θλίβω)에서 왔습니다. 지드가 어떤 성경을 보았는지 모르지만 1910년판 루이세공 불어 번역(LSG) 도 비슷한 뜻의 resserré를 사용했습니다.

한 고통을 통한 금욕의 좁은 길과 인간의 욕망을 따르는 넓은 길. 작품의 전반을 지배하는 두 축입니다. 인물들도 이 둘 사이에서 모습이 나뉩니다.

『좁은 문』에는 세 여인이 대표적인 세 가지 색으로 등장합니다. 제롬의 어머니인 팔라시에 부인의 검은색, 그리고 알리사의 어머니 뤼실 뷔콜렝의 붉은색, 그리고 알리사를 대표하는 색은 흰빛입니다. 검은색은 상복으로 죽음과 소멸, 금욕적인 신앙을 상징하고 붉은색은 인간의 욕망을 나타냅니다. 팔라시에는 늘 상복 입은 모습으로, 그리고 뤼실은 붉은 숄을 두른 모습으로 자주 나타납니다. 금욕과 욕망의 대비라고 할까요? 그런데 문제는 그 사이에 있는 알리사입니다. 모녀 관계이니 뤼실과 닮은 것은 당연하겠지만, 알리사는 자신의 고모, 팔라시에 부인과도 닮았다고 묘사되는 것이 흥미롭습니다. 제롬의 외삼촌(알리사의 아버지)은 이렇게 이야기합니다.

> 네 목소리가 갑자기 커질 때는 꼭 네 고모를 보는 것 같아 네 고모도 너처럼 미소 짓곤 했지.[2]

---

2 여기서 '너'는 알리사, '고모'는 팔라시에 부인, 즉 제롬의 어머니를 뜻합니다.

작품 가운데서 이 둘 모두를 닮은 알리사는 경건과 욕망 사이를 오가며 갈등합니다. 물론 겉으로 욕망을 드러내 보인 적은 거의 없지만, 제롬을 향한 사랑의 감정은 분명히 타오르고 있었죠. 알리사의 흰색은 순수의 상징이기도 하지만, 어느 색으로도 칠하지 않은 무한한 가능성을 나타낸다고 할까요? 하지만 제롬과의 사랑에는 어느 정도 죄책감의 요소가 있기에, 알리사는 더욱 자신의 감정을 억압하게 됩니다. 죄책감의 첫 번째 이유로는 어머니에 대한 반작용이고, 두 번째로는 제롬이 자신과 사촌이라는 금기[3]입니다. 19세기 말에서 20세기 초의 프랑스 사회에서 사촌 간 결혼이 어느 정도의 금기사항이었는지는 알기 어려워도, 작품 중에는 다음과 같은 묘사가 나옵니다.

내가 아직 어린 나이였다고는 하지만 사랑이라는 말을 입에 담고, 사촌 누이에게 느끼는 감정을 그렇게 부른 것이 잘못된 일일까?

그리고 소설에는 제롬과 알리사의 사랑은 많은 부분

---

3 앙드레 지드 자신이 사촌과 결혼하였고, 또 엄격한 홀어머니의 신앙교육을 받았다는 면에서 『좁은 문』은 저자의 경험이 많이 투영되었습니다.

이, 뷔콜렝 가의 정원에서 이뤄집니다. 이 정원에 대한 묘사는 마치 선악과나무가 있었던 아담과 하와의 에덴동산[4]을 연상시키죠. 이러한 배경이 거기서 벌어지는 알리사와 제롬의 사랑의 성격을 보여줍니다. 세 번째로 동생 줄리에트가 제롬을 좋아한다는 사실도 망설이는 이유가 되죠.

그래서 알리사는 막연히 어떤 종교적 행위에 열심을 내고 또 자신의 감정을 절제하면 그 희생의 결과 제롬에게나 자신에게 약속된 행복이 오지 않을까 생각하지만, 도리어 고통은 커집니다. 유학과 입대로 오랫동안 그를 만나지 못하자, 불안감은 더욱 극심해지고요.

지금은 제롬의 침묵 때문에 어찌나 불안한지, 내 마음 속에서 정말로 희생이 이루어지기는 한 걸까 하는 의문마저 든다. 하나님께서 이제는 더 이상 그런 희생을 요구하지 않으신다고 생각하니 모욕을 당한 것 같은 느낌이다. 정말이지 내게는 그런 희생을 감당할 능력이 없었던 것일까?

일기장에 적힌 위의 글을 보면, 결국 그 희생이라는

---

4 우리말의 '동산'으로 번역된 히브리어 간(gan)은 본래의 의미가 정원에 가깝다.

것도 하나님이 아니라 알리사 자기 뜻에서 비롯되었습니다. 그렇게 생각해 볼 때, 연애 감정을 억제하고 제롬을 떠나려 했던 것은 제롬이 자신을 먼저 떠날까 두려워했던 심리 때문은 아닐까요? 경건 생활에 몰두했던 이유도 비슷하고요.

어렸을 때부터 이미 나는 제롬 때문에 아름다워지기를 바랐다. 지금 생각해 보면 내가 '완덕'을 구하였던 것도 오직 그를 위해서였던 듯싶다. 그런데 이 완덕은 그가 없어야만 이루어질 수 있는 것이다.

알리사는 이렇게 불안해하고 갈등하다 결국 병을 얻어, 목숨을 잃게 됩니다. 그리고 유품으로 늘 지니고 다녔던 자수정 십자가를 제롬에게 남기는데[5], 일기장에도 다음과 같은 내용이 쓰여 있죠.

이 십자가를 그에게 맡기고 싶다. 이미 오래전부터 나는 이런 꿈을 꾸곤 했다. 그가 결혼하면 나는 그의 첫딸,

---

5 자수정의 의미는, 순결, 정조, 평화 등을 상징합니다. 특별히 종교적인 의미가 있어서, 가톨릭 성직자들의 장신구로 많이 사용됩니다.

내 십자가를 받은 작은 알리사의 대모가 되리라. … 왜 나는 여태껏 그에게 그런 말을 꺼내 볼 엄두를 못 내었던 것일까?

알리사가 죽고 일기장과 유품은 그의 동생 줄리에트가 제롬에게 전해줍니다. 그 후 10년의 세월이 흐르고, 제롬은 줄리에트의 딸의 대부(代父)가 되어주는데, 그 딸의 이름이 바로 '알리사'입니다. 그때까지 제롬은 알리사의 환영에서 벗어나지 못해 결혼도 하지 않은 채였죠. "이제는 잠에서 깨어나지 않으면 안 돼요."라는 말을 한 후 줄리에트가 눈물 흘리는 것으로 소설은 끝납니다.

인간성을 억압하는 신앙이 문제가 아닙니다. 도리어 신앙이 중심에까지 이르지도 못하고, 또 그렇다고 마음껏 자유를 누리지도 못하는 모습이 『좁은 문』에 나타나는 주요 인물들의 갈등 요소입니다. 이러한 부분을 모호하게 처리하고 확연히 드러내지 않은 지드의 문장력도 이 작품을 명작의 반열에 오르게 했습니다.

『좁은 문』에 등장하는 알리사 같은 등장인물은 엄격한 신앙적 교육을 했던 앙드레 지드 어머니의 모습과 그가 반감을 품었던 당시 교회의 모습이 반영되었습니다.

전작(前作)인『배덕자』와 함께 자신의 그런 의도를 직접 밝히기도 했고요. 그러나 지드가 작품에서 그린, 지나치게 염려하고 스스로 자신을 희생하는 모습은 인간성을 말살시키는 신앙의 당연한 결과가 아니라, 분명 지양해야 할 신앙의 모습입니다.[6] 얼마 전 읽은『긍정의 배신』[7]이라는 책은 19세기 교회의 지나친 엄숙주의에 대한 반발로 현대 교회의 죠엘 오스틴과 같은 지나친 긍정의 신학이 나오게 되었다 이야기하더군요. 긍정의 신학에 대한 책임을 19세기 교회에 돌리는 것에 전적으로 찬성할 수는 없지만, 지나친 금욕주의는 결국 건강하지 못한 결과를 낳을 수밖에 없다는 지적에는 의견을 같이합니다. 금욕주의와 번영신학, 긍정의 신학은 겉으로 나타난 모습은 다르지만, 사실 밑바탕에는 '자기애'가 깔려 있으니까요.『좁은 문』으로 이야기하자면 금욕적이고 죽음을 나타내는 검은색이나, 자기 욕망의 붉은색 모두 문제가 있다고 할까요? 중요한 것은 마음의 중심이 바뀌는 것이라 여겨집니다.

　『좁은 문』은 사실 겉으로 드러나게 복음을 나타내는

---

6 '좁은 문'의 비유가 등장하는 마태복음 7장이나, 누가복음 13장 모두 그 앞에 외식적인 율법주의를 꾸짖으시는 모습이 나와 있음도 주목할 만합니다.

7 바버라 에런라이크,『긍정의 배신: 긍정적 사고는 어떻게 우리의 발등을 찍는가』(부키, 2011)

기독교 문학은 아닙니다. 그 메시지나 결말이 성경과 일치한다고 보기는 어렵습니다.[8] 하지만 긴밀하게 연결되어 있는 성경의 눈으로 바라볼 때, 참된 신앙의 길이란 무엇인가 고민하게 해줍니다. 그리고 『좁은 문』에서는 은혜의 길보다 스스로 자책하는 고행의 길을 택하는 알리사와 같이 연약한 사람들의 마음이 선명하게 보입니다.

너무 몰입해서일까요? 저는 이 책을 읽으며 몇 번이나 마치 우리 교회의 청년들을 만난 듯이 제롬과 알리사를 불러서 신앙적인 권면을 해주고 싶은 충동을 느꼈습니다. 우리 주변에도 자기애에서 비롯된 그릇된 경건의 겉모습을 가진 이들이 드물지 않기 때문일 것입니다. 그들 모두 또 다른 이름의 자기 사랑에 갇히지 않고, 진정한 자유의 오직 한 길을 발견하기를 소망해 봅니다.

추천 번역

1. 오 현우 역, 『좁은 문』(문예출판사, 2004년 2판)

특히 주고받은 대화나 편지의 내용이 매우 유려하게

---

8 앙드레 지드의 작품은 로마 가톨릭 교회에서 오랫동안 금서의 목록에 올랐습니다. 하지만 그 목록에는 칼뱅의 작품도 금서라는 사실도 기억할 필요가 있을 것입니다.

잘 번역되어있습니다.

2. 이 혜원 역, 『좁은 문』(펭귄클래식코리아, 2008년 초판
   1쇄)

문예출판사와 마찬가지로 번역문은 매끄럽지만, 신
명(神名)이나 성경 번역에 있어, 기독교의 전통을 따르지
않고 작가의 번역을 고집하는 아쉬움이 있습니다.

함께 읽을 책
1. 동 성식, 앙드레 지드, 『소설 속에 성경을 숨기다』
   (살림, 2009년 초판 2쇄)

앙드레 지드 전공 불문학자인 저자가, 앙드레 지드
의 『배덕자』, 『좁은 문』, 『위폐범들』 세 개의 소설을 상호
분석하고, 또 그 작품들이 성경과 어떤 관계에 있는지 성
실히 살펴본 책입니다.

2. 앙드레 지드, 『배덕자』

저자가 『좁은 문』과 한 쌍으로 이야기하는 책입니다.

기성의 도덕관을 뒤엎는 내용으로 출간 당시에는 일반 독자와 평단의 외면을 받았다고 합니다. 국내에서는 청목사 판과, 홍신문화사 판을 쉽게 구할 수 있습니다.

2. 불쌍히 여기소서

『죄와 벌』

『레 미제라블』

『주홍글씨』

모든 고통과 아픔은 사실 인간의 '죄' 문제로부터 시작됩니다. 때로는 다른 이들에게 핑계를 돌리기도 하고, 혼자 힘으로 벗어나려 하지만, 죄를 숨기려 할 때 우리는 더욱 괴롭습니다. 도리어 들키기 전의 잘못이 얼마나 가슴을 뛰게 하는지요. 불쌍히 여겨달라는 진심 어린 기도가 회복되기만 바랍니다.

알아? 좁은 방이 얼마나 숨 막히게 하는지!

— 도스또옙스키, 『죄와 벌』

중학교 때였을까요, 성경을 제대로 통독하며 깜짝놀랐습니다. 특히, 사사기를 읽으며 받은 충격이란! 성적인 묘사도 그렇지만, 각 지파에게 시체를 토막으로 잘라 보내다니…. 그 일은 뇌리에 박혀 오랫동안 잊히지 않았습니다. 사사기의 마지막 구절처럼 사람들이 따라야 할 기준을 따르지 않고 자기 생각에 옳은 대로 행동하면 그 결과는 항상 끔찍한 것 같습니다. 무엇보다 그렇게 행동한 자신에게 말입니다.

다른 사람의 기준과 달리 제 생각에 옳은 대로 행동했던 주인공의 이야기. 이번에 소개할 도스또옙스키의 『죄와 벌』입니다. 주인공 라스꼴리니코프는 중퇴한 대학생입니다. 법학도였지만, 형편이 좋지 않아 학업을 계속하지 못했습니다. 대학생으로서 젊은 나이에 공부할 수 있다는 것은 일종의 특권입니다. 현재의 우리나라에서

고등학교 졸업자의 80% 정도가 대학교 진학을 한다지만, 일제 땐 대졸자가 현재의 박사학위 소지자보다도 훨씬 귀했다지요? 소설의 배경이 되는 19세기 러시아에서는 말할 필요도 없겠습니다. 대학생이 귀하니, 함부로 무시할 수 없습니다.

하지만 주인공은 그런 지성에 어울리지 않게 근근이 살아갈 뿐이었습니다. 뻬쩨르부르크의 뒷골목 5층 셋방에서 생계유지도 어려워하면서. 고등교육을 받은 뛰어난 두뇌와 거기에 걸맞지 않은 궁핍한 상황, 그리고 어깨에 짊어진 가족들의 기대, 어머니와 여동생의 지극한 사랑. 그에게는 감당하기 어려운 삶의 무게입니다. 더구나 그 여동생이 팔려가듯이 원치 않는 남자와의 결혼이 이뤄지려는 상황에 오빠의 기분은 어땠을까요? 자, 이렇게 갈등은 시작됩니다.

형편이 형편이다 보니, 라스꼴리니코프는 때때로 전당포를 이용했습니다. 그런데 대부업자들, 특히 소설에 나오는 돈 빌려주는 사람들이 자비로운 경우가 있나요? 이 전당포의 주인 알료나 이바노브나 역시 전형적인 악역입니다. 언제나 전당물의 가치를 박하게 쳐주고, 또 높은 이자는 꼬박꼬박 챙겨서 받는 수전노였습니다.

주인공은 부조리하게 느껴지는 자신의 상황과 자기

주변의 러시아 사회를 보고 분석하여 독특한 사상을 가지고 있었습니다. 그는 먼저 사람들을 '범인(凡人)'과 '비범인(非凡人)'으로 분류합니다. 범인들, 즉 보통 사람들은 현존하는 질서에 복종하는 이들입니다. 이들이 하는 의미있는 일이란 세계를 보존하고 종족을 번식시키는 일밖에 없습니다. 하지만 비범인은 역사에 큰 공적을 이룰 수있는 사람. 그 사명을 감당하기 위해 무수한 인명을 죽여도 되는 권리를 가진다고 그는 생각합니다. 이들은 인류의 진보를 위해 필요하다면 도덕 기준을 과감하게 파괴하고 폭력과 살인도 저지를 수 있습니다. 또한 인류의 진보를 위한 기성 도덕의 파괴는 비범인의 권리일 뿐 아니라 의무이기도 합니다. 나폴레옹, 마호메트 등이 여기에속한다고 생각합니다.

그렇다면 이 라스꼴리니코프가 수전노 노파에 대해어떻게 생각했을지 짐작할 만하지 않습니까? 자신은 비범인이고, 전당포 노파는 기생하는 '이'와 같은 존재인 범인(凡人)으로 사회에 악만 끼치고 있습니다. 그래서 라스꼴리니코프는 노파를 처단하는 것이 자신의 사명이라고생각했습니다. 그리고 실행합니다. 도끼를 이용해서 노파를 무참히 살해하고, 그것을 목격한 노파의 동생도 죽입니다. 살해 과정에서도 혈흔이 묻지 않도록 극도로 주의하고, 증거물을 남기지 않도록 치밀한 노력을 기울입니다. 그리고 범행을 저지른 후에는 유유히 사건의 현장을 빠져 나오지요. 나오는 과정에서 다른 사람과 마주칠 뻔하지만 눈에 띄지 않는 요행도 따라줍니다.

그런데 범행은 계획대로 잘 이루어졌으나, 뜻대로 되지 않는 것이 있습니다. 원래 생각대로라면, 주인공은 사람을 죽였다고 해서 죄책감을 느낀다든지, 불안해하는 모습은 없어야만 했습니다. 사명을 완수했을 뿐이니까요. 물론 소설의 끝까지, 라스꼴리니코프가 눈물 흘리며 참회한다든지 자신의 죄를 인정하는 모습은 없습니다. 하지만 몸과 마음에 이상한 반응이 나타납니다. 주인공은 자신의 죄가 의심받는 상황이 오거나 숨겨놓은 증거가 들킬 것 같으면, 불안해하고 손을 떨 뿐 아니라, 흥분하고 실신하기도 합니다. 마음속에 있는 살인의 흔적을 지워보려고 선행을 하기도 하지만 자신에게 나타나는 반응을 바꾸는 데는 별로 도움되지 않습니다. 특히 이 불안감은 자신의 죄를 의심하는 사람을 만날 때 고조됩니다. 뽀르피리는 라스꼴리니코프의 독특한 사상을 그의 논문을 통해 알고 있었기에, 그를 더욱 의심하는 사람이었습니다. 이 사람과 대화할 때면 말실수를 하지는 않을까 불안해하며 신경을 곤두세웁니다. 필요 이상으로 과장되게 자신감 넘치는 모습을 보일 때도 있고요. 그는 하나님처럼 되리라, 스스로 당당하리라 생각했습니다. 하지만 그의 모습은 실낙원한 아담과 하와처럼 가장 연약하고 불안해 보입니다. 라스꼴리니코프 자신은 끝까지 인정하지 않더라도 말입니다. 그의 이런 위악(僞惡)적인 모습이 참 안타깝습니다.

『죄와 벌』은 길이와 구성 모두 만만치 않은 작품이지만, 이해를 위한 몇 가지 실마리가 있습니다. 첫 번째는 '돈'과 '가난'입니다. 돈에 쪼들리는 대학 중퇴생의 좁은 셋방, 완고한 노파의 전당포, 가난한 사람들이 사는 도시의 누추한 뒷골목, 이것이 『죄와 벌』의 무대입니다. 퇴역관리 마르멜라도프의 술주정을 빌어 작가는 이렇게 말합니다.

존경하는 선생, 가난은 죄가 아니라는 말은 진실입니다. … 그러나 빌어먹어야 할 지경의 가난은, 존경하는 선생, 그런 극빈(極貧)은 죄악입니다. 그저 가난하다면 타고난 고결한 성품을 그래도 지킬 수 있습니다. 그러나 극빈 상태에 이르면, 어느 누구도 결단코 그럴 수 없지요.

어느 여배우가 경제적으로 쪼들릴 때 명연기가 나온

다고 했던가요? 가난에서 주인공 라스꼴리니코프의 행동들이 나오고, 그 심리와 행동들에 대한 생생한 묘사는 실제 자신이 궁핍했던 작가의 이야기이기도 합니다.

두 번째로 좁은 공간, '방'에 대하여 주목해 볼 필요가 있습니다. 작품 중에는 방에 대한 묘사가 많이 나옵니다. 여러 가지 사건이 좁은 방에서 일어나죠. 각 방에 대한 묘사는 작가가 모델로 가지고 있는 장소에 대한 실제적인 묘사라 생각됩니다. 거기에 더하여 등장인물들의 심리 상태를 나타내주는 장치이기도 하지요. 주인공의 이야기를 한 번 들어보시죠.

> 알아, 소냐? 낮은 천장과 좁은 방이 영혼과 정신을 얼마나 숨 막히게 하는지! 오, 나는 그 방을 얼마나 싫어했는지 몰라! 하지만 나는 그 방에서 나오고 싶지 않았어. 일부러 나오려고 하지 않았어! 밤낮으로 틀어박혀서, 일도 하고 싶지 않고, 먹고 싶지도 않았어. 종일 누워만 있었어.

소설 중에 장면이 바뀔 때마다 좁은 공간인 방이 어떻게 묘사되고 있는지를 보시기 바랍니다. 시대와 불화한 지식인을 묘사하는데 남루한 골방을 사용하는 것은 도스또옙스키 이후 문학에서도 심심치 않게 볼 수 있습니다. 우리나라의 천재 작가 이 상(李箱)의 『날개』에서도 주인공이 언제나 몸을 파는 아내에게 사육(?)당하듯이 아달린을 먹고, 좁은 뒷방에서 정신이 몽롱한 채 잠이 든 것인지, 깨어있는 것인지 알 수 없는 모습으로 나오죠. 내면의 심리에 대한 묘사까지 '이상(李箱)'의 『날개』는 도스또옙스키와 유사한 면이 많습니다.

세 번째로는 기독교 신앙의 코드입니다. 라스꼴리니코프의 현재 상황은 어린 시절의 행복한 추억과 대비되어 더욱 비참하게 느껴집니다. 그런데 그 행복의 꽤 중요한 자리를 '신앙'이 차지했던 것 같습니다. 어머니 라스꼴리니코바가 주인공에게 보낸 편지를 보면, 다음과 같은 글이 있습니다.

난 마음 속으로 혹 요즘에 유행하는 무신론이 네 가슴에 자리 잡았을까봐 두렵구나. 만일 그렇다면 내가 너를 위해서 기도하마. 돌이켜 생각해 보렴 사랑하는 아들아. 아직 네가 어리고, 네 아버지도 살아 계셨을 때, 네가 내 무릎에 앉아서 종알종알 기도하던 그때 그 시절에 우리 모두가 얼마나 행복했었는지 말이다!

주인공의 가장 행복한 순간에는 신앙이 있었지만, 불안하고 암담한 상황에서는 그 신앙을 떠나 있습니다. 이러한 흐름을 '십자가'라는 소재가 잘 나타냅니다. 노파 살해 직후를 봅시다. '지갑을 열어 보지도 않고 주머니 속에 집어넣고는, 십자가를 노파의 가슴패기에 던진 뒤, 이번에는 도끼를 들고 …'. 십자가를 던지는 행위를 통해 노파 살인이 어떤 절대적인 도덕 기준을 떠나는 의미를 가지게 됩니다. 그리고 스스로 뭔가 잘못되어 가고 있음을 알고 갈등하는 모습도 '십자가'라는 소재를 통해 상징적으로 나타납니다. 라스꼴리니코프의 살인 고백을 들은 소냐는, 십자가를 전달하려 하지만, 결국 그는 받지 않습니다. 아직 결단을 내리지 못한 것이죠. 그러다 그가 자신의 죄를 자백하려 결심했을 때에는 소냐에게 십자가를 달라고 합니다. 심리 상태를 나타내는데 '십자가'는 매우 중요한 전환점이 됩니다.

여기서 주목할 것은, '소냐'의 역할입니다. 그녀는 부활의 카츄샤처럼 미인도 아니고, 몸 파는 여자에다가 형편도 주인공보다 좋다고 보기 힘듭니다. 하지만 라스꼴리니코프를 '구원'하는 역할을 소설에서 감당합니다. 매우 논리적이고 이성적으로 자신의 견해를 주장하는 주인공 앞에서 많은 이야기를 하지는 않지만, 복음서를 그에게 읽어주기도 하고, 자의식이 과잉되어있는 그를 치유하는 역할을 합니다. 늘 흥분해 있는 주인공에 비해 소녀는 수동적으로 보이지만, 결국 그를 조금씩이라도 변화시켰음을 알 수 있습니다. 소설의 마지막 장에서 라스꼴리니코프가 죄를 자백하고 나서 시베리아 유형이 시작되었을 때, 그는 이렇게 생각합니다.

> 그는 지금도 책장을 열지는 않았다. 그러나 한 가지 생각이 그의 뇌리를 스쳤다. 〈그녀의 신념이 이제 나의 신념이 될 수 있지 않을까? 적어도, 그녀의 감정, 그녀의 갈망은 …〉

'신앙'이라는 코드에서 보면 주인공의 내적 갈등을 더 잘 이해할 수 있습니다. 자신이 노파를 살해했음을 소냐에게 고백할 즈음에 그는 그녀에게 나사로가 부활한 요한복음 11장을 읽어달라고 합니다. 그 이전에 뽀르피리와의 대화에서도 나사로의 부활을 믿느냐고 물어보기도 했죠. 어쩌면, 스스로 범인(凡人)들과 구별되고 모든 인습과 도덕으로부터 자유로운 듯이 행동했으나, 돌문으로 막힌 무덤에 죽어있었던 나사로처럼 라스꼴리니코프도 자신만의 방에 갇혀 있었고, "그곳에서 나오라!"는 말씀을 듣고 다시 살아나고 싶었던 게 아닐까요? 이제 어두 컴컴한 골방에서 나와 새로운 삶, 새로운 이야기가 시작 되려 한다는 것을 암시하고 도스또옙스키는 『죄와 벌』을 마무리합니다.

생각 외로 이 긴 소설, 『죄와 벌』은 참 흥미진진합니 다. 탁월한 심리묘사 때문이기도 하지만, 등장인물의 모 습을 통해 나 자신이 선명하게 비치기도 하기 때문입니 다. 우리는 자기 뜻대로 되지 않으면, 실망하고 낙담합니 다. 심할 경우 상대방과 세상을 향해 적의를 드러냅니다. 허나 좁다란 자기의 세계에만 갇혀 살면 스스로 상처받 지 않으려는 몸부림이 도리어 비극의 원인이 되는 경우 가 많은 것 같습니다. 혹시 지금 우리도 협소한 자신의 방 안에서 예수께서 말씀하신 살인을 저지르고 있지 않은가 요? 타인들을 미워하는 일 말입니다. 하지만 우리 깊은 속 마음도 좁은 방에 갇혀 어떤 구원의 음성 듣기를 더 바라 고 있지는 않을까요? 우리의 출구를 막은 돌이 아무리 커 도 마음속 깊은 곳까지 "나오라"하시는 그 소리가 들리기 를 갈망해 봅니다.

추천할 만한 번역

최근에 나오는 번역 중에는 러시아어 원전에서 번역한 우수한 번역들이 많이 있습니다. 그중에서도 다음 두 가지 번역을 추천합니다.

1. 표도르 미하일로비치 도스또예프스키, 홍 대화, 『죄와 벌』(상)(하)(열린책들, 2009)
2. 도스토예프스키, 김 연경, 『죄와 벌』1, 2(민음사, 2012)

함께 읽을 책

1. 슈테판 츠바이크, 원 당희 역, 『도스토옙스키를 쓰다: 슈테판 츠바이크 평전시리즈 2』(세창미디어, 2013)

20세기 최고의 전기 작가라고 불리는 오스트리아의 유대계 작가 슈테판 츠바이크가 톨스토이와 함께 19세기 러시아 문학을 대표하는 세계적인 문호 '도스또옙스키'의 일생에 대해 쓴 평전입니다.

2. 석 영중, 『도스토예프스키 돈을 위해 펜을 들다』

(예담, 2008)

'돈'이라는 코드를 통해 도스또옙스키의 문학 세계를 재해석한 책입니다. 노어노문학과 교수인 저자가 강의를 통해 학생들과 함께 공감하며 도스또옙스키를 재미있게 읽은 현장 경험을 생생하게 되살려냈습니다.

3. 조 주관, 『죄와 벌의 현대적 해석』(연세대학교출판부, 2007)

조금 전문적이지만, 도스또옙스키 전집 출판에 참여하였던 저자가, 그의 문학세계, 특히 『죄와 벌』의 해석을 위한 다양한 문학 이론들을 소개해 놓은 책입니다.

오호라, 나는
불쌍한 사람이로다!

– 빅또르 위고, 『레 미제라블(Les Misérables)』

누가복음 18:11~14을 보면 유명한 바리새인과 세리의 이야기가 나옵니다. 주님은 그 말씀을 통해 금식과 십일조를 자랑했던 바리새인의 기도보다 가슴을 치며 죄인임을 고백했던 세리의 기도를 더 의롭다 인정해 주셨습니다. 교만의 자랑보다 눈물의 회개를 받아주시고, 그 사람을 더욱 성결하게 만들어 가시는 모습은 지금도 일어나는 주님의 역사입니다. 자신의 경건을 남에게 자랑하는 이보다 예배당에 앉아 가슴을 치며 주님을 부르고, 또 자신의 죄를 고백하는 이에게 그를 깨끗하게 하시는 역사는 시작됩니다.

지난 수개월 간 영화, 뮤지컬, 소설 그리고 여러 가지 패러디로 가장 큰 화제를 일으킨 작품이라면 당연 『레 미제라블(Les Misérables)』입니다. 빅또르 위고는 이 작품에서 "나는 죄인이로소이다." 부르짖는 이의 모습을 그

려냅니다. 주인공 쟝발쟝이 옥살이할 때는 세상을 향해 증오를 품고 있는 야수와 같은 상태였습니다. 『레 미제라블』의 전체 줄거리를 모르는 사람도 누이의 가족들을 먹이려고 빵 한 조각을 훔쳤기 때문에 겪은 19년의 억울한 옥살이는 다 압니다. 그러나 옥살이가 길어진 이유가 있습니다. 훔칠 당시 사냥용 총을 가지고 있어서 가중 처벌되었고 또한 형이 끝날 무렵마다 반복되었던 탈옥 시도 때문입니다. 어느 정도는 자초한 면도 있지요. 하지만 많은 사람들은 언제나 자신의 실수와 잘못에는 그럴싸한 핑계를 찾아냅니다.

어쨌거나 지루한 감옥 생활이 그를 교화(敎化)시키지는 못했습니다. 감옥에서 나온 직후 겨우 머무르게 된 주교관에서 은혜를 절도로 갚은 일을 보면 알 수 있습니다. 출소자의 신분으로 받았던 냉대 때문이라고 하지만 그 긴 감옥 생활은 죄인을 의인으로 바꾸지 못하고 그를 더욱 거칠게 만들었을 뿐이었습니다. 쟝발쟝은 교도관들의 가혹한 채찍질로 바뀌지 않았습니다. 그를 바꾼 사람은 주교관에서 그를 맞아준 미리엘 주교였습니다. 기꺼이 먹여주고 재워주었을 뿐 아니라, 도둑질한 자신을 용서한 사랑으로 그의 얼어붙은 마음이 녹게 되었습니다. 그 사랑을 통해 쟝발쟝이 스스로 구제불능의 불쌍한 사람임을 깨달았을 때가 바로 변화의 시작점입니다. 정확히 그 때가 언제인지 아십니까? 은그릇을 훔쳤음에도 미리엘 주교가 그를 용서해 주고, 은촛대도 가져가라고 건네어 줄 때가 아니었습니다. 주교의 용서를 받은 후에도 장발장은 죄를 저질렀습니다. 굴러온 쁘띠-제르베라는 아이의 사십 쑤[1] 동전을 발로 밟아 빼앗고, 울며 쫓아오면서 돌려달라는 아이의 요청을 묵살해 버립니다. 정신을 차리고서야 자신이 무슨 일을 저질렀는지 깨달았습니다.

> 그는 기진하여 커다란 돌 위에 털썩 주저앉았다. 그리고 두 손으로 머리를 움켜쥐고 얼굴을 두 무릎 사이로 처박은 채 절규하였다. "나는 불쌍한 놈이야!"
> 그러자 그의 가슴이 터졌고 그가 울기 시작하였다. 십구년 만에 처음 흘리는 눈물이었다.   -1권, 2편 전략 中

감당할 수 없는 은혜와 사랑, 그 곳을 통해 본 자신의 부족한 모습, 사람의 진정한 변화는 언제나 이렇게 일어납니다. 이 일 이후 장발장은 도형수에서 부요한 마들렌 시장으로 변화하는 계기를 마련합니다.

---

1 당시 프랑스 화폐 단위.

볼수록 『레 미제라블』은 스스로는 자신을 구원하지 못하는 불쌍한 사람들의 이야기입니다. 잘못된 노력 때문에 도리어 더욱 안 좋은 상황으로 전락하기도 합니다. 코제뜨의 엄마 팡띤느도 그렇습니다. 미혼모가 된 이 여인은 스스로 양육비까지 벌어야 하기에 코제뜨를 사기꾼 떼나르디에의 여관에 맡기고 공장에서 일합니다. 바로 마들렌 시장이 사장으로 있는 그 공장입니다. 하지만 공장 작업반장의 희롱을 거절하여 공장에서 쫓겨나게 되지요. 아이를 맡긴 여관 주인 떼나르디에는 어떻게 해서든 코제뜨를 핑계로 돈을 뜯어내려 합니다. 하지만 그 시대에 여자가 할 수 있는 일이 무엇이 있었겠습니까? 더구나 결혼하지 않고 아이를 낳은 부정하다고 낙인찍힌 여자가 말이죠. 팡띤느는 유일한 희망인 딸을 위해 머리를 자르고, 이를 뽑아 팔아도 부족해 몸까지 팝니다. 길에서 우연히 이 팡띤느를 만나 전말을 알게 된 마들렌 시장, 쟝발쟝은 그래서 이 여인과 딸의 생을 책임지는데, 팡띤느가 적절한 시기에 마들렌 시장을 찾아갔더라면 이야기는 어떻게 바뀌었을까요, 소설이지만 그런 안타까움이 듭니다. 하지만 팡띤느는 마들렌, 즉 쟝발쟝이 돌봐주었음에도 불구하고 결국 몸과 마음이 병을 얻어 죽게 되지요.

『레 미제라블』의 기나긴 이야기는 쟝발쟝이 양심의

가책으로 팡띤느의 딸 코제뜨를 끝까지 책임지는 이야기와 자신을 끝까지 쫓아오는 쟈베르와의 갈등이 두 가지 중심축입니다. 쟈베르 경감은 법의 화신으로 거의 마지막 부분까지 쟝발쟝을 괴롭히는 역할입니다. 경감 앞에서 쟝발쟝은 언제나 마들렌 시장이 아닌 죄수번호 24601의 죄수일 뿐입니다. 하지만 쟈베르가 이토록 냉혹한 법집행자가 된 데에도 이유가 있습니다. 쟈베르는 감옥에서 출생했습니다. 감옥에 한 맺힌 사람이죠. 그 때문에 부모에 대한 원망을 죄수들에게 투영합니다. 그는 법의 화신은 몰라도 악의 화신이라 볼 수는 없습니다. 법대로 하자면, 도형수 쟝발쟝이 증명서를 찢어버리고 신분세탁(?)을 하였기 때문에 감옥에 다시 들어가야 맞습니다. 자베르는 직무에 충실히 법 집행을 하려는 것입니다. 분명 자비로운 모습은 아니지만요.

신앙에서 보자면, 쟈베르를 "율법의 화신"이라고도 볼 수 있겠습니다. 하지만 소설의 거의 끝부분 대학생들이 일으킨 혁명의 현장에서 쟝발쟝에 의해 목숨을 구하게 되자 조금씩 그의 마음에도 변화가 옵니다. 나중에는 잡을 수 있는 기회가 왔음에도 쟝발쟝을 남겨두고 떠나게 되지요. 하지만 쟝발쟝이 자신을 살려줬다는 사실과 자신이 법대로 하지 않고 그를 풀어주고 떠나오게 된 자책감을 견디지 못해 다리에서 스스로 몸을 던집니다. 그후, 쟈베르가 일하던 초소에 편지 한 통이 날아옵니다. 거기에는 경감 생활을 하게 되면서 생각한 죄수들의 처우 개선에 대한 내용이 담겨있습니다. 불행한 어린 시절, 그로 인해 따뜻한 맘을 가질 수 없었던 사내, 돌이킴의 기회를 얻었지만 목숨을 끊는 것으로 생을 마감한 쟈베르도 얼마나 불쌍한 사람입니까!

코제뜨도 그렇습니다. 아빠도 없이 어머니 손에서 떠나 어린 시절 떼나르디에의 집에서 온갖 구박을 받으며 허드렛일을 했습니다. 또 쟝발쟝의 손에서 유복한 생활을 하지만 안정적이지 못하고, 이리저리 도망 다녀야 하고 무엇보다 자라면서 자신의 출생은 물론이요, 어린 시절을 기억하지 못하는 모습이 측은합니다. 나중에 그와 결혼하게 된 마리우스는 어떤가요? 귀족신분의 부유한 청년이지만 부모님을 일찍 여의고 할아버지 손에 자라지만 그와 심각한 갈등을 겪습니다. 그리고 친구들과 타락한 사회를 바꾸어 보겠다고 일종의 혁명을 일으키지만 생각과는 달리 시민들의 호응은 없고 자신을 제외한 친구들은 모두 목숨을 잃게 됩니다.

어찌 보면 가장 불쌍한 이들은 떼나르디에 가족인지도 모르죠. 회개의 눈물 따위나 양심의 가책이라고는 없이 끝까지 사기만 치지만, 언제나 빚에 시달리고, 무엇보다 끝까지 나쁜 일을 관두지 못했다는 점이 가장 불쌍합니다. 그의 딸 에포닌느는 마리우스를 사랑하지만 마리우스는 코제뜨를 사랑하고, 에포닌느는 혁명의 현장에서 마리우스를 향한 총구를 손으로 막아 중상을 입고 결국 죽게 됩니다. 그리고 참 재기발랄한 아이이지만, 먼저 총에 맞아 죽는 가브로쉬도 안타깝습니다.

　뮤지컬 영화 "레 미제라블"이 인기를 모을 때, 그 영화를 '혁명'의 코드로 읽는 기사와 감상문들이 많이 나왔습니다. 저도 영화와 뮤지컬까지 모두 관람을 했습니다만, 혁명을 시도하는 이들이 젊은 대학생들인지라, 멋진 남자배우들이 인상적인 독창과 코러스를 하니 다른 장면보다 기억에 남을 수밖에 없습니다. 하지만 원작을 보면 도리어 호응을 받지 못하는 혁명의 "실패"에 강조점이 있지 않나 싶습니다.[2] 레 미제라블의 메시지는 "우리가 뭉치면 할 수 있다"가 아닙니다.

　원작 소설은 시작은 거의 성인(聖人)의 위상을 보여

---

2 "혁명"에 강조점이 있지 않은 이유 중의 하나는 미리엘 주교가 왕당파에 가깝게 묘사되고 있다는 점 때문이기도 합니다.

주는 미리엘 주교의 성품과 사목(司牧)에 관한 이야기가 100여 페이지, 그리고 중간 즈음에는 도저히 어디로 피할 수 없었던 쟝발장과 코제뜨가 겨우 수도원에 숨어들어, 둘은 목숨을 구하고 코제뜨는 귀족의 딸들이나 받을 수 있는 교육을 받는 이야기가 상당 부분을 차지합니다. 마지막 부분에 코제뜨와 마리우스를 결혼시키고 모든 오해와 갈등이 해소되며 쟝발장이 숨을 거두는 장면은 분명히 사명을 마치고 본향(本郷)으로 돌아가는 성도의 모습입니다. 따라서 이 소설이 주는 메시지는 우리가 힘을 합쳐 세상을 바꾸자는 뜻을 넘어서, 불쌍한 인간들을 치유하는 하나님의 사랑이라 하겠습니다. 미리엘 주교→쟝발장→쟈베르, 마리우스…. 언제나 진정한 변화는 엄청난 사랑의 은혜가 베풀어지고, 그것을 깨닫게 되었을 때 일어났습니다.

『레 미제라블』의 완역본은 2,000페이지가 넘는 많은 분량입니다. 그중에서도 독자들이 공통적으로 이야기하는 넘기 어려운 산(?) 두 곳이 있습니다. 하나는 100여 페이지 이상 묘사되는 워털루 전투 장면이요, 또 다른 하나는 쟝발장이 복잡한 파리의 하수도를 통해 마리우스를 들춰 메고 탈출하는 장면입니다. 하지만 소설 전체의 의미로 볼 때, 이 하수도 탈출 부분은 일견 쟝발장의 일생에 대한 상징으로 볼 수 있습니다. 꼬불꼬불 미로와 같고, 쥐들이 물어뜯기도 하는 지독한 냄새의 하수도는 그 자체가 음부요, 지옥입니다.[3] 출구는 막혀있고, 가장 힘든 순간에 악마와 같은 떼나르디에를 만나기도 하지만, 결국 청년 마리우스를 살려야겠다는 그 마음이 불가능한 탈출을 가능하게 합니다.[4] 어쩌면 고달픈 생을 걸어나갈 수 있는 힘, 그곳을 극복할 수 있는 것은 불쌍한 인생을 향한 안타까움과 사랑의 힘이 아닐까요? 레 미제라블 중에서도 특히 하수구 탈출 장면에서 매우 현실적인 "천로역정"을 읽었습니다.

본문에 인용되지는 않았지만, 책을 읽으며 여러 번 머리에 떠오르는 성경 구절이 있었습니다. 바로 로마서 7:24의 말씀, "오호라 나는 곤고한 사람이로다"입니다. 어떻게 사도바울과 같은 분이 스스로 곤고한 사람이라는 고백을 할 수 있었을까요? 하지만 어떻게 보면, 스스로 곤고한 사람이라는 고백을 잃지 않을 수 있었기에 바울이

---

3 신약성경에서 지옥을 나타내는 헬라어는 "게헨나(γέεννα)"입니다. 이 단어는 원래 뜻이 성전에서 나오는 온갖 동물의 사체와 찌꺼기들을 버리는 하수구와 같은 곳을 가리키는 말이었다고 합니다.

4 2012년작 '레 미제라블' 영화 중에서 가장 인상적인 노래가 마리우스를 집으로 무사히 돌아가게 해달라는 "Bring him home"과 장발장 자신을 본향으로 돌아가게 해달라는 "Brine me home"이었습니다.

바울 되지 않았을까 생각해 봅니다.

　이 불쌍한 나를 주님께서 생명의 성령으로 새롭게 하셨음을 잊지 않는 것이 성도의 바른 모습이겠지요. 흥미로운 점은, 불어 성경 중 널리 익히는 루이세공 버전(LSG)이, 이 로마서 7:24의 말씀을 "Misérable que je suis!"라고 번역했다는 사실입니다. 불어 성경에서는 사도 바울이 "나는 '미제라블'한 사람이구나!" 탄식한 셈이죠.

　저를 포함한 많은 분들이 우리가 모두, 곤고한 자들, 레 미제라블(Les Misérables)임을 잊지 말고 인생길을 걸어갔으면 좋겠습니다. 그리고 우리를 통해 더 많은 레 미제라블들에게도 진정한 치유의 일들이 일어나기를 소망해 봅니다.

　『레 미제라블』을 직접 읽어보면 느낄 수 있지만, 위고의 방대한 백과사전적인 지식은 매우 놀랍습니다. 라틴어를 비롯한 다른 언어들이 심심치 않게 등장합니다. 따라서 이 방대한 분량의 소설을 한글로 번역한다는 것은 아주 어려운 일입니다. 최근에 나온 번역들은 그럼에도 불구하고 라틴어까지 비교적 충실하게 번역이 되었습니다. 하지만 번역자들이 불문학 전공자들이요, 신학자는 아니기에 기독교 신앙의 깊은 이해는 좀 부족하지 않나 생각됩니다. 어쩌면 이 문제는 위고의 불어 원전을 직접 읽지 않는 이상 해결되지 않을 것 같습니다.

추천 번역

1. 빅또르 위고, 이 형식 역, 『레 미제라블』 전5권
   (펭귄클래식코리아, 2012)

2. 빅토르 위고, 정 기수 역, 『레 미제라블』 전5권
   (민음사, 2012)

※ 둘 다 좋은 번역이지만, 개인적으로는 1이 조금 더 낫지 않나 생각됩니다.

함께 읽을 책

1. 노 명식, 『프랑스 혁명에서 파리 코뮌까지, 1789-1871』 (책과함께, 2011)

일반 독자들이 근대 시민혁명의 전형인 프랑스 혁명과 그 이후에 전개된 19세기 프랑스 역사의 흐름을 이해하기 쉽도록 기획한 책입니다. 레 미제라블의 배경을 알아보는 데 도움이 됩니다.

영화

2,000페이지 분량의 소설이 엄두가 나지 않는 분들은 영화를 보셔도 좋겠습니다.

1. 1958작 장가방 주연. 프랑스 영화의 아버지, 장가방의 연기가 인상적입니다.

2. 1982작 로버트 오셍 감독. 평단으로부터 역사상 최고의 레 미제라블 영화라는 평가를 받았었습니다.

3. 2012년 휴잭맨 주연. 뮤지컬 방식이 감정에 몰입하는 데 도움을 줍니다.

"바로 제가 타락한 자요,
위선자입니다."
– 너대니얼 호손, 『주홍글씨』

세상에는 범죄를 저지른 이들은 얼마 가지 않아 대부분 체포되지만, 요즘도 가끔 수 년 동안 도망 다니다 잡힌 범죄자의 뉴스가 종종 나옵니다. 오랫동안 도피 생활을 하다가 체포된 그들은 어떤 생각이 들까요? 조금만 더 숨어있었다면 잡히지 않았을 텐데, 하는 안타까운 심정이 많을 것 같지만, 그들의 소감(?)을 들어보면, 대부분 "그래도 후련하다."는 표현이 자주 나오는 것을 봅니다. 지난 도피 생활이 무척 괴롭고 편하지 않았다는 인터뷰 내용에 이어서 결국 이제 도망 다닐 필요가 없어 차라리 마음이 편하다 말합니다. 그것이 사면이든, 죗값을 치르는 것이든 죄의 문제가 해결되지 않은 자는 분명히 심한 고통을 겪게 되나 봅니다.

시편은 이러한 죄인의 고통을 더욱 생생하게 묘사합니다. 시편 32:3에서는 "내가 입을 열지 아니할 때에 종일

신음하므로 내 뼈가 쇠하였도다"라고 뼛속 깊이 사무치는 죄의 아픔을 고백합니다. 그런 고통은 영혼이 구원받은 즐거움까지 잠시 가릴 정도로 강력합니다. 그래서 시편 51:12에서 다윗은 "주의 구원의 즐거움을 내게 회복시켜 주시고 자원하는 심령을 주사 나를 붙드소서"라고 기도하고 있습니다.

작품의 시대적 배경, 그리고 두 주인공

너대니얼 호손의 『주홍글씨』도 바로 죄가 드러나 그 대가를 치른 자와 그렇지 못한 자의 모습을 대비하여 보여주고 있습니다. 죄가 드러난 이는 도리어 성녀(聖女)와 같은 모습으로 변화되지만, 고백하지 않을 때 거룩해 보이는 인물도 극심한 고통 가운데 빠짐을 묘사합니다. 이 소설의 배경은 청교도들이 미국에 정착한 지 얼마 되지 않은 17세기입니다. 작가인 호손 자신이 청교도의 후손으로, 자신은 19세기 초반의 사람이지만 그의 선조인 윌리엄 호손(William Hawthorne)과 존 호손(John Hawthorne) 등이 활동했던 시기가 바로 청교도의 정착기로 소설의 시대 배경과 활동 무대가 같습니다.

역사를 보면, 청교도의 모습에는 어느 정도 양면성이 있었는데, 한편으로는 순수한 신앙을 추구하는 긍정적

인 모습과 너무 철저한 기준을 따르려고 해서인지 엄격한
율법주의자, 또는 잔인한 심판자의 부정적인 모습입니다.
바로 그러한 청교도들의 모습이 소설에 반영되어있는데,
『주홍글씨』는 그 중심이 되는 이야기까지 실제 사건을 배
경으로 하는 일종의 팩션(faction)[1]으로 볼 수 있습니다. 17
세기에 실제로 있었던, 주홍글씨의 형벌과 재판기록을 토
대로 작가의 상상력을 더하여 소설을 만들어 낸 것이죠.

소설은 19세기 초 한 세관의 검사관[2]이 '닳아빠지고
빛바랜 고급스러운 붉은 천'을 발견하는 것으로 이야기를
시작합니다. 정성스럽고 훌륭한 바느질 솜씨로 만들어진
이 천 조각이 바로 주홍글씨 'A'인데, 이것은 간음한 여인
이 가슴에 늘 달고 다녀야 하는 일종의 낙인(烙印)입니다.
간음을 뜻하는 'Adultery'의 첫 글자죠. 이 수놓은 A를 발
견하고서 장면은 17세기로 전환됩니다.

이 소설은 1642년부터 1649년까지 보스턴의 한 마
을을 시공간적 배경으로 하고 있습니다. 이 무렵 보스턴
은 철저하게 사람의 행동과 사고가 모두 신앙과 분리될
수 없는, 신 중심적 사회였고, 정치와 사법체계마저도 청

---

1 실제 사건을 바탕으로 한 소설. faction=fact+fiction

2 글의 저자가 가졌던 직업이 바로 검사관이었다고 합니다.

교도적인 신앙체계와 일치했습니다. 워낙 세속적인 현대 기독교인의 입장에서는 모든 것이 신앙과 깊이 관련되어 있는 그 시대가 부러운 면도 없지 않으나, 당시 상황은 비웃음이나, 추문거리에 지나지 않을 잘못이 엄숙하게 무거운 형벌을 받게 되는 일들도 많았음을 소설은 묘사하고 있습니다. 간음한 여인 헤스터 프린이 처형대[3]에 오르고, 늘 'A'를 달고 다녀야 한다는 판결을 받자 그 이야기를 나누는 부녀자들의 모습을 당시의 분위기가 어느 정도였는지 알 수 있습니다.

내 생각 좀 들어들 보게. 저 헤스터 프린 같은 죄인한테는 우리같이 나이도 좀 있고 교회에서 평판도 좋은 여자들이 손을 봐주어야 하지 않겠는가? … 아무리 그래도 그렇지, 헤스터 프린의 이마에 달군 쇠로 낙인 정도는 찍어 주었어야지. 그래야 저 되바라진 헤스터가 주눅이 들었을 텐데, 안 그런가?

헤스터 프린은 외모와 입고 다니는 옷 등으로 눈에

---

3 사형집행이 이뤄지는 곳이 아니라, 공개적으로 그 사람의 죄와 그 벌을 알리는 곳 정도로 보면 될 것입니다.

띄는 여성이었기 때문인지 같은 여성으로부터 이런 시기를 받았습니다. 어쩌면 신약성경의 경우처럼 돌로 치지 않은 게 다행이었는지도 모르죠.

헤스터와 대척점(對蹠點)에 있는 인물이 바로 딤스데일 목사입니다. 영국 옥스퍼드에 유학을 마친 젊은 목사로 지역에서 신망이 매우 두텁습니다. 헤스터도 그가 담당하는 교구 사람이며, 그의 설교는 많은 사람에게 은혜를 끼치는, 존경받는 목사였습니다.

영국의 명문 대학을 졸업한 이 젊은 목사는 당대의 모든 학문을 이곳 황야로 가져왔다. 그의 설교와 종교적 열정은 종교계에서 벌써부터 남다른 두각을 드러내고 있었다. 그는 얼굴 생김새도 눈에 띄었는데, 하얀 이마는 높다랗게 튀어나왔고, 큼지막한 갈색 눈은 구슬펐으며, 입은 굳게 다물려 있지 않으면 떨리기 일쑤여서 예민한 감수성과 강한 자제력을 동시에 드러내 보였다.

헤스터가 처형대에 설 때, 부인할 수 없는 간음의 증거인 어린아이를 가슴에 안고 서 있는데, 사람들은 무엇보다, 과연 저 아이의 아버지가 누구일까 궁금해하지만, 그녀는 끝까지 자기 입으로 말하지 않습니다. 이 때 딤스데일 목사는 헤스터가 그 아이의 아비가 누구인지 진실을 말하도록 주변의 권함을 받아서 처형대에 올라 그녀를 설득합니다.

> 그대와 더불어 죄를 짓고 더불어 고통받는 자의 이름을 거리낌 없이 말해 줘요! … 그자가 높은 곳에서 떨어져 그 치욕의 처형대에서 그대 옆에 서게 된다 해도 평생 동안 죄의식을 숨기고 사는 것보다는 나을 겁니다.

짐작하실 수 있겠습니까? 사실은 여인이 안고 있는 아이의 아버지가 바로 이 딤스데일 목사였습니다! 그러나 목사는 여인과 나란히 선 처형대에서 자신이 아이의 아버지임을 고백할 용기는 없었습니다. 그 역할을 헤스터에게 떠넘긴 것이죠. 헤스터의 죄는 드러났고, 목사의 잘못은 드러나지 않았습니다. 하지만 헤스터는 이후 주홍색으로 수놓은 'A'자를 가슴에 새겨 달지만 도리어 당당한(?) 삶을 살고, 딤스데일 목사는 죄책감에 쇠약해지고, 늘 통증을 느껴 가슴을 만지는 버릇까지 생깁니다. 드러나지 않은 죄의 낙인이 그의 가슴에 새겨진 것이죠.

헤스터와 딤스데일 사이에서 태어난 딸의 이름은 펄 (Pearl)입니다. 약간 신비로우면서도, 어린아이다운 솔직함과 순수함을 보여주는 등장인물입니다. 이 아이의 이름이 '펄(Pearl)', 곧 진주(眞珠)가 된 이유는 어머니인 헤스터가 모든 것을 잃고 이 아이 하나를 얻었기 때문입니다. 마태복음 13:46의 "극히 값진 진주 하나를 발견하매 가서 자기의 소유를 다 팔아 그 진주를 사느니라"라는 구절에서 이름을 따 왔는데, 이 아이는 그 존재 자체로 살아있는, 주홍글씨의 역할을 합니다. 늘 어머니 곁에 있으니 사람들은 아이를 볼 때마다, 어머니가 저지른 간음을 떠올리니 말입니다. 특히 아이가 도드라지게 주홍색 옷을 즐겨 입어서 더욱 그런 인상을 줍니다. 딤스데일 목사에게도 가슴에 보이지 않게 새겨진 죄의 증거와 같이, 끝까지 비밀을 숨길 수 없으리라는 암시가 되기도 합니다. 헤스터와 목사, 그리고 펄의 세 가족은 밤에 남들의 눈을 피해 만나기도 하는데, 펄은 마치 모든 것을 알고 있다는 듯이 목사에게 엄마와 함께 있어 달라고 여러 차례 이야기합니다.

「목사님!」 어린 펄이 작은 소리로 말했다.

「왜, 하고 싶은 말이 있니, 얘야?」 딤스데일 목사가 물었다.

「내일 낮에도 엄마하고 저하고 같이 여기에 서주실래요?」 펄이 물었다.

「아니, 그건 안 된다, 귀여운 펄」목사가 대답했다. 이 순
간 새로운 활기가 용솟음치면서도 너무나 오랫동안 그
의 삶을 괴롭혀 온, 세상 사람들에게 탄로 나고 말리라
는 두려움이 되살아난 것이다.

타의이긴 하지만, 죄를 드러낸 헤스터와 잘못을
고백할 용기가 없었던 딤스데일 목사는 이후 대조적
인 삶을 삽니다. 헤스터의 가슴의 'A'는 처음에 가졌던
'Adultery'라는 치욕적인 의미에서, 사람들을 잘 돕고
능력 있는 'Able'로 그리고 나중에는 천사를 의미하는
'Angel'를 뜻한다고 사람들은 이야기합니다. 하지만 목
사는 날이 갈수록 쇠약해져서 사람들이 걱정하고 내면
의 갈등은 더 심해집니다.

제3의 인물

여기에서 주목해야 할 인물이 더 있는데, 바로 의사
로저 칠링워스입니다. 그는 표면적으로 병약한 딤스데일
목사의 건강을 돌봐주는 역할을 합니다. 흥미로운 것은
바로, 이 칠링워스는 실은 헤스터의 전 남편이었습니다.
애정 구도(?)만으로 보자면 통속적인 TV 드라마 같은 분
위기를 풍기죠? 소설에서 칠링워스는 딤스데일의 괴로

움을 증폭시키는 참소자(讒訴者)로서 나타납니다. 외모도 초반부에는 지적인 용모로 묘사되지만 갈수록 사탄의 모습을 닮게 됩니다. 그리고 처음에는 과연 목사가 괴로워하는 내적인 원인이 무엇인지 궁금해하다가, 점점 사실을 알게 되고 나중에는 고백하지 못하게 함으로써 더욱 괴롭히려는 복수심을 갖습니다. 딤스데일 목사가 공적으로 자기가 펄의 아버지임을 드러내려면, 칠링워스의 교묘한 영향에서 벗어나야만 했습니다. 성직에 오명을 씌우려고, 공적인 고백을 하려고 하느냐는 칠링워스의 말 앞에 목사는 다음과 같이 이야기합니다.

「아하, 사탄이여! 너무 늦은 것 같구려!」 목사는 두려워하면서도 단호하게 그의 눈을 마주 보고 대답했다. 「당신의 힘도 이젠 전 같지 않소! 하나님의 도움으로 나는 이제 당신에게서 벗어날 거요!」

잘못이 드러난 사람과 드러나지 않은 사람, 그리고 다른 사람의 잘못을 드러내려는 또 다른 죄를 저지르는 인간. 우리가 믿는 대로 모든 인간은 죄인입니다. 『주홍글씨』를 보면 그러한 인간의 행복은 자신의 잘못을 드러내고 인정하는 데서부터 시작함을 새삼 생각하게 됩니다.

누구나 죄인임을 부인할 수 없되, 그 죄를 어떻게 대하느냐는 태도에서 삶의 차이가 결정됩니다. 허위와 위선으로 자신을 덮어씌우면 겉으로는 경건해 보일지 몰라도 그 안에는 견디기 어려운 내적인 갈등이 일어나죠. 소설에서 딤스데일 목사는 공적으로 자신이 아이의 아버지임을 밝히면서 자유를 느낍니다. 하지만 그동안 너무 쇠약해져서인지 고백의 순간 처형대에서 숨을 거둡니다. 하지만 헤스터는 그 후로도 행복하고 여유로운 삶을 살았음을 암시하며 소설은 끝을 맺습니다.

정리하면서

이 책을 읽는 내내, 생각나는 아우구스티누스의 말이 있었습니다. "오, 나의 복된 죄여!(O, Felix Culpa mea!)" 소설 속의 헤스터도 죄에 대한 낙인 때문에 도리어 새롭게 거듭났으며, 이러한 사실은 죄가 있는 곳에 은혜를 더하도록 하시는 하나님의 법칙인지도 모르겠습니다. 하나님께서 구하시는 제사는 상한 심령인데도, 도리어 죄를 자백하지 못한 딤스데일 목사와 같은 모습 때문에 괴로운 삶을 살 때가 적지 않으니 안타까울 뿐이죠.

한 가지를 더 생각했습니다. 사회나 교회의 지나친 경직된 율법주의가 도리어 은혜를 방해할 때도 있겠다는 생각입니다. 실제로 앞에서 소개했던 작가의 조상들은 하나님의 뜻에 어긋난다고 하여서 퀘이커 교도와 인디언들을 잔인하게 박해하는 인물들로 유명했다고 합니다. 작가는 이 사실을 매우 부끄럽게 생각했습니다. 당시의 시대 상황을 고려하지 않을 수 없겠으나, 바른 신앙과 신학을 가진 이들일수록 자칫 잘못하면 더욱 잔인한 심판자의 자리에 서게 되는 실수를 범할 때가 많습니다. 아마도 바른 하나님의 뜻을, 사랑으로 전할 수 있는 가장 좋은 길 중의 하나는 나도 또한 용서받은 죄인임을 주홍글씨와 같이 가슴에 새기고 살아가는 것이 아닐까 돌아보게 됩니다.

추천 번역

수년 전 영미문학연구회 번역 평가 사업단에서 번역서를 평가한 결과에 따르면, 『주홍글씨』는 가장 표절본이 많은 번역이었습니다. 최근에는 자체적인 번역이 여럿 나오는 터라 그래도 사정이 조금 나아졌지만, 우리나라에서 『주홍글씨(The Scarlet Letter)』를 최 재서 선생의 표현처럼 세밀한 심리 묘사가 세계 일류급이므로 특별히 번역본을 잘 선택할 필요가 있겠습니다.

1. 최 재서, 『주홍글씨』, 을유문화사

2. 이 장환, 『주홍글써』, 범우사

3. 곽 영미, 『주홍글자』, 열린책들

함께 읽을 책

1. 서 창원, 『청교도 신학과 신앙』 (지평서원, 2013)

'청교도'를 지나친 율법주의로 생각하는 오해를 불식시키고 그들이 경건한 목회 사역을 위해 얼마나 노력했고, 성도들이 기쁘고 거룩한 삶을 살도록 얼마나 세심하게 신경 썼으며, 자신이 믿는 바대로 살기 위한 열망에 얼마나 불타올랐는지를 보여줍니다. 소설 속의 청교도적 사회의 모습과 청교도의 본질을 비교해 가며 살펴볼 수 있는 책입니다.

2. 박 영의 외, 『나사니엘 호손의 주홍글자 연구』 (한신문화사, 2000)

호손에 관한 12명의 영문학자의 논문을 모은 논문집입니다.

3. 박 양근, 『나다니엘 호손 연구』 (세종출판사, 2011)

부경대 영문과 교수인 저자의 호손에 관한 논문 모음입니다.

3.견디고 걸어가기

『부활』

『파우스트』

『신곡』

끊임없는 노력은 인간의 소중한 특징입니다. 꾸준히 자신의 길을 걸어가며 깨닫는 긴 여정이야말로 가장 인간적이라 하겠습니다. 비록 실수하고 넘어지는 일이 있겠지만, 견디며 걸어가고 바라볼 곳만 바라고 나갈 때 마침내 목적지에 이르게 됩니다.

고난에 시달린 영혼을 쉬게 해줄 생각뿐입니다.

– 톨스토이, 『부활』

언제부터인가 교회나 길에서 도움을 청하는 분들을 만나면 유심히 관찰하게 됩니다. 마태복음 25장에 나오는 인자(人子)의 말씀 때문에 생긴 버릇입니다. 동화와 같은 감상인지는 모르지만, 때로는 '혹 이 분이 정말 예수님이 아닐까?'하는 생각이 강하게 들 때도 있습니다. 물론 도움을 청하면서도 막무가내인 모습 때문에 '이 분만은 예수님이 아니셨으면 좋겠다.' 할 때가 많기는 합니다. 분명한 것은 그분들을 바라볼 때, 나는 누구이고, 할 일이 무엇인지 되새기게 됩니다. 잊고 있었던 정말로 중요한 사실을 다시 한 번 깨우치게 되지요.

사람은 편해지면 어떻게 살아야 하는지를 쉽게 잊게 됩니다. 톨스토이의 『부활』도 주인공 네홀류도프가 분명히 존재하지만 잊었던 '다른 세계'를 당혹스럽게 맞

이하는 모습이 주요 줄거리입니다. 즉 다시 말해 자신이 주로 생활하고 있는 여유로운 귀족사회가 아니라, 궁핍하고 지저분하며, 정죄 받는 이들이 사는 세계가 있음을 깨닫고, 그 가운데 자신의 소명을 발견하는 것이 핵심 줄거리입니다.

부활의 도입 부분은 몸 파는 여인으로 전락한 마슬로바의 삶과 꽤 깔끔한 공작 네흘류도프가 대비되고 있습니다. 당시 러시아라면, 귀족이 풍요로운 생활을 하고, 신분 낮은 이가 누추하게 산다 해서 이상하지 않지만 마슬로바의 궁핍하고 타락한 삶에는 네흘류도프의 직접적인 책임이 있습니다. 젊은 시절 마슬로바는 네흘류도프의 고모 집에서 일하였고, 당시 카튜사로 불렸던 그녀에게 반해 둘은 연애를 하였습니다. 결국, 원하지 않는 임신을 하였지만, 네흘류도프는 그에 대한 대가로 서두르듯이 백 루블을 건네주고 그녀와 헤어집니다.

상류 사회의 청년에게는 한순간의 불장난이었지만 이 일로 인하여 한 여인의 인생이 바뀌게 됩니다. 마슬로바는 그녀의 미모를 가만히 내버려두지 않는 주변의 상황으로 인하여 몸 파는 여인으로 전락했습니다. 그리고 매춘 과정에서 자신을 괴롭히려는 이를 독살하였다는 누명을 쓰고 법정에 서게 됩니다. 그 자리에서 네흘류도프와 재회합니다. 그는 공작으로서 이 재판에 배심원으로 참석한 것이죠. 마슬로바는 바로 그를 알아보지 못하지만, 네흘류도프는 복잡한 심경을 가집니다.

재판관이나 배심원들 모두 한 사람의 운명을 결정지을 수 있는 일에 대해서 그리 심각하게 생각하지 않는다는 점이 참 인상적입니다. 각각 재판이 끝나면 할 일을 생각하거나, 아니면 피곤에 지쳐 '어서 이 일이 끝났으면…'하는 생각에 빠져 있었죠. 이들은 치명적인 실수를 합니다. 배심원들은 마슬로바가 받고 있었던 두 가지 혐의에 대해 '절취의 의도가 없었음'이라는 1단서를 붙였지만, '살해할 의도가 없었음'이라는 2단서를 붙이지 않습니다. 훔치지도 빼앗지도 않았지만, 동시에 아무런 목적 없이 사람을 독살했다고 판단한 셈입니다. 무죄인 피고 마슬로바가 악질적인 중죄인으로 운명이 바뀐 것이죠.

이 작품은 상류 사회의 일원이 저지른 범죄, 혹은 실수의 무서운 결과가 중요한 모티브를 차지합니다. 어쩌면 우리 역시 젊은 시절 저질러 놓은 불장난의 결과를 반성할 필요는 없을지도 모르지만, 다시 한 번 주변에 대한 관심을 회복할 필요는 있지 않을까 싶습니다. 무관심이 혹시 이웃의 고통을 더욱 심각하게 만든 일은 없었을까요? 내 일이라면 사소한 것조차도 그토록 집착하면서, 다른 이들에 대해서는 대충 대하는 모습이 바로 우리가 이기적인 '죄인'이라는 증거가 아닐까 생각해 봅니다.

하지만 역설적으로 이 어처구니없는 실수를 깨달은 네흘류도프는 자신이 해야 할 일에 대해서 눈을 뜹니다. 그는 어떻게 해서든 마슬로바의 무고함을 밝혀내리라 결심합니다. 또 그녀와 결혼까지 하려고 합니다. 그리고 한 편으로는 자신이 가지고 있는 광대한 토지를 더 이상 자신의 사치 생활을 위해 쓸 것이 아니라, 경작하고 있는 소작농들에게 나눠주어야겠다고 생각합니다. 그런데 토지를 나눠주려고 해도, 소작농들은 지주(地主) 네흘류도프의 말을 바로 믿지 않습니다. 지금까지 워낙 반복해서 속아 왔기 때문인지, 아무리 자세히 설명을 해도 그러한 것들은 지주님 마음대로 하시고, 결국에는 땅을 가진 사람들의 이익대로 되는 것 아니겠냐고 반문합니다. 네흘류도프와 이 농부들의 대화 가운데서 톨스토이는 토지의 소유에 대한 자기 생각을 자세히 드러냅니다.

『부활』에는 이렇게 당시 사회를 향한 톨스토이의 개혁 구상이 나타납니다. 토지뿐 아니라 종교적 개혁까지 엿보입니다. 유형(流刑) 중인 마슬로바와 죄수들을 좇아가면서, 네흘류도프는 다양한 죄인 군상(群像)을 만납니다. 그가 유형지에서, 또는 숙영 감옥에서 만난 정치범들은 상류 사회와 대립되는 인물들이며, 또한 법률뿐 아니라 도덕적으로도 잘못을 저지른 부도덕한 세계와도 구분됩니다. 그중에서도 특별히 국교인 러시아 정교회에 반대하는 "분리파 교도"들의 무고함을 네흘류도프의 입을 빌려 작가는 변호하고 있습니다. 그들이 국교회에 반하여 복음서를 읽었다는 이유로 정죄하는 것은 부당하다고 말합니다. 여기에서 실제로 러시아 정교회보다는 분리파교도와 교분을 가지고 있었던 톨스토이 자신의 모습이 보이는데, 실제로 『부활』에 러시아 정교를 모독하는 표현이 들어있다는 이유로 톨스토이는 파문당하기도 했습니다(1901년).

신앙 때문에 어려움 당하는 분리파 교도들과 비교하면 귀족들의 모습은 대조적입니다. 그들은 정기적인 예배 참석 뿐 아니라, 때때로 순회 설교자를 저택에 모셔서 말씀을 듣고 또 눈물 흘리기도 하지만, 그 자신들의 삶 가운데 복음서의 가르침을 실천하거나, 예수 그리스도의 마음과 눈길이 닿아 있는 곳에 관심을 가지지는 않습니다. 지금 우리 한국 사회는 19세기의 러시아처럼 신분 사회도 아니고, 또 러시아 정교회와 같은 '국교(國敎)'가 있는

---

1 혹은 선교사. 정확히 이런 유형의 사역자가 현대에 누구에 해당하는지 불명확합니다.

나라도 아니지만, 당시 러시아 귀족들의 신앙 모습에 관한 서술을 바로 지금 현대 한국 교회에 적용해 보아도 크게 다르지는 않을 듯합니다. 정말로 우리는 예수님의 가르침을 복음서 그대로 따르고 있을까요? 때로 눈물을 흘리며 은혜를 받기도 합니다. 말씀과 교리를 열심히 공부해서 지적인 그리스도인이 되기도 합니다. 하지만 실제 예수님의 삶을 따르기 위해 고난도 감내하는 모습은 부족하지 않나 생각됩니다.

물론 우리가 『부활』 중의 네흘류도프처럼 결단을 한다 하여도, 한 가지를 더 주의해야 합니다. 스스로 예수의 가르침을 따르기로 했다는 '자기만족'에 빠져서는 안 된다는 점입니다. 네흘류도프도 자기가 토지를 나눠주고, 마슬로바와 결혼을 결심했다는 사실에 지나치게 고무됩니다. 결국 중심이 농부들이나, 사랑하는 여인에게 있기보다는 지나치게 자신에게 집중하고 있습니다. 네흘류도프가 청혼할 때 그에게 마슬로바가 외쳤던 말이 생각나는군요.

만지지 마세요! 나는 징역수고 당신은 공작이에요. 당신이 이런데 찾아올 이유는 하나도 없어요. 당신은 나를 미끼로 구원을 받으려고 하는 거죠?

네흘류도프는 마슬로바에 대한 자신의 범죄와 그 무서운 결과에 충격을 받아 과거 그토록 눈부셨던 '카튜사'를 구원하고 싶어 합니다. 하지만 그는 자신이 정서적으로 불안정하고 정신적 삶에 지나치게 몰두해 있었기 때문에 우선 자신의 정체성을 찾아야만 했습니다.

그리고 마슬로바도 그가 공작 신분이요, 상류 사회 일원이라고 하여서 금방 청혼을 받아들이지는 않습니다. 네흘류도프를 싫어하지는 않지만, 결국 그녀는 정치범 중 신중한 성품을 가지고 있었던 블라지미르 바실리예비치와 결혼합니다. 마슬로바가 네흘류도프와 결혼하지 않은 건 매우 다행스러운 일이라고 생각됩니다. 둘의 결혼이 성공적으로 이루어졌다면 톨스토이 『부활』의 메시지는 매우 통속적인 수준이 되지 않았을까 생각됩니다. 그리고 실제로도 그런 결혼은 행복할 가능성은 희박해 보이고요.

네흘류도프의 구명 활동과 황제에게까지 올린 탄원이 성공합니다. 마슬로바는 무죄가 밝혀져서 자유의 몸이 됩니다. 또한, 네흘류도프에게도 사실 결혼만 중요하지는 않았습니다. 새로운 삶, 즉 하늘로부터 온 부활의 삶을 깨닫고 살아가는 일이 더욱 중요했습니다. 이 작품의 마지막은 제법 많은 분량의 성경 구절과 네흘류도프의 깨달음으로 마무리됩니다.

많은 사람이 괴로움을 당하고 있는 악에서 구원받기 위한 유일한 길은, 하나님 앞에서 언제나 자신을 죄인으로 알고 자기가 남을 벌주고 선도할 수 없다는 것을 인식하는 데 있음을 분명하게 깨닫게 되었다.

톨스토이의 『부활』은 다른 어느 작품보다도 자신의 생각과 사상을 많이 반영하였으며, 또 자서전적인 부분도 없지 않습니다. 그는 대문호로서 가지는 명성에 회의를 느끼고 1880년 이후 초대 교회의 기독교 사상에 몰두하면서 사유재산 제도와 러시아 정교에 비판을 가하고 '톨스토이즘'이라고 불리는 자신의 사상을 체계화하였습니다. 그리고 금주, 금연하고 손수 농사를 짓는 등 금욕적인 생활을 지향하며 빈민 구제 활동을 하기도 하였습니다. 이러한 종교적 회심 이후의 대표작이 『부활』입니다.

물론 전적으로 그의 사상을 다 수용하기는 어려운 부분도 분명히 있습니다. 톨스토이 개인의 특수한 경험과 당시 시대 상황을 염두에 두고 살펴야 합니다. 하지만 기복주의 신앙과 이기적인 신앙의 모습으로 갈수록 힘을 잃고 '우리만의 기독교'가 되어가고 있는 현실에서 네흘류도프의 깨달음은 우리에게도 반드시 필요하리라 생각합니다.

네흘류도프는 생각했다. '우리는 자신이 자기 생명의 주인이며 우리의 향락을 위해서 생명이 주어졌다는 어리석은 착각 속에 살고 있으나 이것만큼 어리석은 일은 없을 것이다. 우리가 이 세상에 보내졌다면 그건 누군가의 의지에 의해서 어떤 목적을 위해 보내졌음이 분명하다. 한데 우리는 자신의 쾌락만 찾고 있다. … 인간은 주인의 의지를 실행하기 위해 노력하면 되는 것이다. 그렇게 되면 이 세상에 신의 나라가 건설되고 인간은 최대의 행복을 누리게 될 것이다.

추천 번역

1. 톨스토이, 박 형규 역,『부활』1~2, 민음사
2. 톨스토이, 이 철 역,『부활』(상)(하), 범우사

톨스토이 작품들의 번역도 최근에는 중역(重譯)[2]이 아닌 전공자들의 원전 번역이 많이 나왔습니다. 개인적인 취향은 있겠지만, 특별히 톨스토이 번역에 있어서는 박 형규 교수가 정평이 있습니다.

---

2 러시아어로 된 작품을 일어나 영어 번역본을 보고 번역하는 경우 이를 중역이라고 합니다.

함께 읽을 책

1. 톨스토이, 이 동진 역, 『아무도 모르는 예수』(톨스토이 스토리 바이블), 해누리 기획, 2006

사복음서를 톨스토이가 자신의 관점에 따라 정리해 놓은 것입니다. 그가 생각하는 기독교 신앙이란 무엇인지 엿볼 수 있습니다.

2. 조 혜경, 『똘스또이, 시각을 탐하다』, 뿌쉬낀하우스, 2013

전문적인 논문 모음이지만, 똘스또이 작품에 등장하는 인물들이 시각을 판단의 근거로 삼는다는 것을 연구한 저자의 논문집으로 작품이해에 도움을 줍니다. 이 '봄'이라는 것이 이성에 근거한 시각 중심적 사고를 넘어서 휴머니즘적이고 신앙적임을 보여줍니다.

3. 대천덕, 『대천덕 신부가 말하는 토지와 경제정의』, 홍성사, 2003

톨스토이와 대천덕 신부는 모두 헨리 조지 사상의

영향, 나가서는 구약성경 희년법의 영향을 받고 실제로 그런 토지제도를 어떻게 사회에서 구현할지 고민하였습니다.『부활』의 적지 않은 부분에서 나오는 토지에 관한 논의의 이해를 도울 수 있는 책입니다.

인간은 노력하는 한 방황하리라
– 괴테,『파우스트』

간략한 줄거리는 사람들이 많이 알고 있지만, 실제로 완독한 사람은 별로 없는 고전이 제법 있습니다. 그중에 대표적인 작품이 『파우스트』가 아닐까 합니다. 이 작품은 고전 중에서도 "읽히지 않는 명작"으로 알려져 있는데, 그 이유는 무엇일까요? 번역서 기준으로 1천 페이지 가까운 분량도 있겠지만, 거기에 담긴 사상과 내용이 만만치 않아서일 것입니다. 등장인물의 이야기나 심리만 쫓아가려니, 전혀 생소한 상황들이 등장하고, 그리스 고전과 성경뿐 아니라, 르네상스 시대의 자연과학에 대한 내용이 나와서 뜻과 의미를 알아가며 이해하는 것이 벅차게 느껴지기 때문입니다. 어쩌면 대문호(大文豪)가 60년 동안 심혈을 기울여 쓴 작품을 단박에 이해하려는 것도 예의가 아니겠지요. 그러나 파우스트는 그 뜻과 의미를 풀어가며 읽는 재미가 있습니다. 그리고 읽을수록 깊은 의미를 깨닫게 되는 진정한 가치를 가진 작품이라 하겠습니다.

작품의 제목 이름이자, 주인공인 '파우스트 박사'는 괴테가 처음 창조해낸 인물은 아닙니다. 16세기에 살았다고 여겨지는 전설상의 인물이지요. 그는 마술과 점성술에 재주가 많았고, 신학과 의학에도 상당한 지식이 있었다고 합니다. 당시의 사회 규범을 벗어나는 기인(奇人)의 풍모와 다소 과장된 일화들이 더해져 괴테의 파우스트를 비롯 후대의 많은 작품에 영감을 주었습니다. 규범을 따르지 않았으나, 독특한 천재성을 가지고 기행을 했던 인물이었기에 운명에 도전하는 등장인물에 딱 들어맞는 특징이 있습니다. 이런 매력적(?)인 인물이었기에 많은 작품에 영감을 주었는데, 민중(民衆)본 "요한 파우스트 박사 이야기"에서 말로우, 레싱, 토마스 만 등등의 파우스트와 여러 편의 영화, "파우스트-일곱 영혼의 심판자"와 같은 어드벤처 게임에 이르기까지 괴테의 파우스트 말고도 역사상 40여 편이 넘는 『파우스트』 작품이 있답니다. 자신의 운명, 혹은 한계에 도전하고 실패하는 우리 인간의 특징을 잘 보여주기 때문에 여러 모양으로 변주된 작품으로 등장했던 것 같습니다.

괴테의 『파우스트』는 소설이라기보다는 상연(上演)을 전제로 하는 '희곡'입니다. 순서를 보자면 헌사,

무대에서의 서연(序演), 천상의 서곡에 이어서 비극 제1
부와 비극 제2부로 이어지고, 비극 제2부는 1막에서 5
막까지의 구성을 가지고 있습니다. 아마도 "비극"이라는
제목을 굳이 붙인 이유는 운명에 맞서거나 좌절하는 인
생의 모습을 주제로 삼는 그리스 비극을 염두에 두었기
때문입니다.

　'천상의 서곡'으로부터『파우스트』의 중심 내용이 시
작됩니다. 서곡에서는 구약성경 욥 1:6-12의 내용과 같은
천상회의(天上會議)의 모습이 등장하는데, 참여자는 주님,
천사의 무리, 메피스토펠레스, 세 대천사입니다. 욥을 놓
고, 하나님과 사탄이 말씀 나누는 욥 1장의 내용과 같이,
파우스트 천상의 서곡에서도 인간, 파우스트를 놓고 내
기(?)가 벌어집니다.

　　메피스토펠레스 : 내기를 할까요? 당신은 결국 그자를 잃
　　고 말 겁니다. 허락만 해주신다면 녀석을 슬쩍 나의 길
　　로 끌어내리리이다.

　　주님 : 그가 지상에 살고 있는 동안에는 네가 무슨 유혹
　　을 하든 말리지 않겠다. 인간은 노력하는 한 방황하는
　　법이니까(310행 이하).

…(중략)…하지만 언젠가는 부끄러운 얼굴로 나타나 이렇게 고백하게 되리라. 착한 인간은 비록 어두운 충동 속에서도 무엇이 올바른 길인지 잘 알고 있더군요, 라고(327행 이하).

욥기의 내용을 어느 정도 알고 있는 분이라면, 위의 '천상의 서곡' 대화를 읽고 파우스트 전체 줄거리가 어떻게 흘러갈지 대략 짐작이 가실 겁니다. 메피스토펠레스는 파우스트를 계속 유혹하고 꾐에 빠지도록 할 것이지만, 결국 방황 끝에는 구원의 역사가 있으리라는 것이죠.

여기에서 등장인물(?)의 이름을 먼저 살펴봐야겠습니다. 하나님의 이름은 작품에서 주로 "주님"으로 번역되었습니다. 이 표현은 루터 역에서 하나님을 지시하는 단어로 가장 많이 사용되었지만, 파우스트의 처음과 끝의 내용을 보면, 주인, 주재자(主宰者)라는 의미를 살리기 위한 어휘 선택이라 보입니다. "메피스토펠레스"는 조금 더 복잡합니다. 괴테 이전부터 내려오던 이름이어서 정확한 기원은 알기 쉽지 않습니다. 간단히 말하자면 메피스토펠레스는 '악마', '사단'의 이름입니다. 사단의 특징을 나타내기 위해 살인하다, 파괴하다 뜻을 가진 단어와 거짓말하다, 어리석게 말한다는 뜻의 히브리어 단어가 합쳐졌다고 생각됩니다. 작품 속에서 메피스토펠레스가 파우스트 박사를 유혹하여 살인하고, 쾌락에 빠지도록 하는 행동을 보면 이러한 이름의 의미와 하는 행동이 딱 맞습니다.

주님의 허락을 받아서일까요? 천상회의 후에는 파우스트 박사의 본격적인 번민으로 작품의 내용이 이어집니다. 욥에게는 급작스러운 사고와 물질적, 육체적 환란으로 인한 어려움이 닥쳤다면, 박사의 고뇌는 뭔가 이루려는 열정 혹은 욕심으로 인한 방황, 이성적인 고뇌라고 할 수 있습니다. 분명히 욥의 고통과는 차이가 있죠.

> 파우스트 : 아! 나는 철학도
> 법학도, 의학도,
> 심지어는 신학까지도
> 온갖 노력을 다 기울여 철저히 공부하였다.
> 그러나, 지금 여기 서 있는 나는 가련한 바보.
> 전보다 똑똑해진 것은 하나도 없구나!(354행 이하)

다른 사람보다는 좀 낫지만 끝이 보이지 않는 지식과 또 그것을 다른 사람들에게 전할 수도 없다는 데에서 오는 절망. 재산이나 누릴 명예나 영화도 없어서 "개라도 더 이상 이렇게 살고 싶지 않으리라! (376행)"는 탄식을 하고 정령을 만나려 합니다. 이 세상을 근본적으로 무엇이 이끌어가고 있는지 알기 위해서이죠. 하지만 그는 정령을 만나고 나서 더 큰 좌절을 겪습니다.

> 아아! 그 정령의 모습이 너무나도 거대했기에, 나 자신은 진정 난쟁이처럼 느끼지 않을 수 없었노라(612행 이하)…(중략)…천사 케룹보다도 더 위대한 나는, 이미 그 자유로운 힘이 자연의 혈관을 통해 흐르며, 창조하면서, 신들의 생활을 누리겠다는 예감에 가득 차 있었는데, 이 무슨 회개할 일이란 말인가! 우레 같은 한마디가 나를 완전히 절망케 하였도다(618행 이하)

자신의 한계를 느끼고, 절망을 느낀 인간! 자신의 한계를 만난 파우스트가 어떤 행동을 보일까요?

> 이제 나 그 원전(原典)을 펼쳐놓고,
> 성실한 마음으로 한번
> 그 성스러운 원문을
> 내 사랑하는 독일어로 옮겨보고 싶구나.
> …
> 정령의 도움이로다! 갑자기 좋은 생각이 떠올라,

기쁜 마음으로 기록하노니, 태초에 행위가 있었느니라
(1,220행 이하).

파우스트가 명작의 반열에 오르고 사람들을 매료시키는 까닭은 아마도 끊어지지 않는 지적 호기심, 도전 때문일 것입니다. 주인공이 한 독일어 성경 번역에서 이것에 대한 실마리가 보입니다. 자신의 생각을 투영해서 파우스트 박사는 요 1:1을 태초에 '힘'이 있었다, '행위'가 있었다 로 번역하는데, 이제부터 주인공은 힘, 행위를 추구하는 기나긴 여정을 시작합니다. 그런데 이미 주인공은 스스로 지식을 추구하고, 원하는 것을 성취하는 데 한계를 느끼지 않았습니까? 그래서 주인공은 메피스토펠레스와 계약을 하게 됩니다.

나 여기 이 세상에서는 당신의 시중을 들며,
당신의 지시에 따라 쉬지 않고 일하겠소이다.
만일 우리가 저기 저 세상에서 다시 만나게 되면,
당신이 내게 똑같은 일을 해주셔야 합니다(1,656행 이하).
…
아무런 종잇조각이라도 좋소이다.
다만 한 방울의 피로 서명만 해주십시오(1,736행 이하).

이 메피스토펠레스와 파우스트의 계약은 창세기의 선악과를 연상하게 합니다(2,048행). 둘은 계약을 맺은 후 연구소를 조수 바그너에게 맡기고, 여정을 시작하는데 먼저 시끌벅적한 술집에서 보통 사람들의 쾌락을 경험합니다. 그리고 파우스트는 마녀의 도움으로 젊음의 묘약을 얻습니다. 인생의 모든 쾌락을 맛보기 위해서는 젊음이 필요했던 것이죠. 젊음을 얻은 후 파우스트는 순진한 아가씨 그레트헨과 사랑에 빠지게 됩니다. 비극 제1부를 '학자의 비극', '그레트헨 비극'으로 나눌 만큼 파우스트와 그녀의 사랑을 중심으로 내용이 이어집니다.

메피스토의 계략으로 파우스트는 그녀를 쾌락의 첫 번째 대상으로 삼지만, 도리어 그 사랑 가운데, 방탕한 파우스트의 마음도 정화되어 가죠. 이를 마땅치 않게 생각하는 악마가 이 모습을 가만히 놔두겠습니까? 메피스토의 계략으로 그녀는 아기를 살해하게 됩니다. 그리고 파우스트는 그레트헨을 타락시킨 데에 분개한 오빠 발렌틴을 결투 끝에 죽입니다. 당연히 주인공은 양심의 가책을 느끼고, 그레트헨에 대한 사랑이 완전히 없어지지는 않아서 그녀를 구하러 감옥으로 갑니다. 그레트헨은 미쳐버린 상태에서도 파우스트를 용서하죠. 파우스트는 그녀에게 탈출을 권하지만 그레트헨은 자신의 죗값을 받겠다고 단호히 말합니다. 감옥을 빠져나오면서 메피스토펠레스는 그 애는 심판받았다고 말하지만, 위에서 "구원되었도다!"는 목소리가 들립니다(4,611행 이하). 이렇게 1부가 끝이 납니다.

이어지는 2부에서 파우스트는 여러 가지로 파탄 지경에 이른 제국으로 이끌려 갑니다. 이 나라에서 황제는 사치와 향락을 일삼을 뿐 아니라, 신하들도 허영에 물들어 있고 국법도 문란하여 총체적인 난국에 허덕입니다. 여기에서 파우스트는 메피스토의 작전으로 지하에 묻힌 보물을 담보로 화폐를 발행해서 위기를 극복하죠. 읽어보면 2부에서는 남녀 간의 사랑 이야기가 많이 나왔던 1부의 열정적인 묘사에 비해, 보다 지식과 이성적으로 작가 당대의 사회상을 생생하게 녹여내어 묘사합니다.

파우스트는 나라의 위기를 극복(?)하여, 황제의 신임을 얻게 되지만, 그의 부탁으로 그리스 절세의 미녀, 헬레나를 불러내야 하는 난처한 과제를 받게 됩니다. 주인공은 방법을 찾지 못해 고민하다가 역시 메피스토펠레스의 도움으로 '어머니들의 나라'로 들어가 헬레나를 찾게 됩니다. 하지만 헬레나의 환영에 손을 뻗치려는 순간, 그는 땅바닥에 내던져 지고, 장면이 전환되죠.

2막에서 파우스트는 자신의 조수였던 바그너를 만

납니다. 예전에는 조수에 불과했지만, 이제 바그녀는 당대의 석학이 되어있습니다. 그는 인조인간 호문쿨루스를 만들고 있습니다. 이 인조인간은 상당히 뛰어난 인지 능력을 가지고 있어서 호문쿨루스는 파우스트가 헬레나를 동경하고 찾고 있다는 사실을 알아채고 옛 그리스 세계인 발푸르기스의 밤으로 안내합니다.

3막의 배경은 그렇게 고전시대의 그리스가 되는데, 스파르타 궁궐로 돌아온 헬레나로 이야기는 시작됩니다. 메피스토펠레스가 개입하여 이웃 성의 성주가 된 파우스트와 헬레나는 동침하게 되고, 둘 사이에 아들 오이포리온이 태어납니다. 그런데 이 아들은 전설 속의 이카루스처럼 날기를 시도하다가 떨어져 부모가 보는 앞에서 죽게됩니다. 오이포리온이 죽고 나서 헬레나의 환영도 사라지고, 그녀의 옷과 베일만 주인공에게 남게 되지요. 보면 각 단락은 다양한 인간의 욕망을 상징하는 것 같습니다. 순수한 연애의 열정, 과학(당대에는 연금술에 가까운)에 대한 탐구심, 그리고 고전 혹은 문화에 대한 마음이라고 할까요, 각 장면이 사람이 빠질 수 있는 다양한 욕구들을 상징적으로 의미를 담아 나타내줍니다. 결론을 보면 인간의 욕망은 언제나 허무한 열매를 맺는다는 사실도 반복되고요.

욕망과 정열의 허망한 결과를 경험한 파우스트는 메

피스토펠레스가 다시 한 번 비슷한 즐거움을 마련해 주려고 하지만, 그의 제안을 단호히 물리칩니다. 그 대신에 황제로부터 하사받은 해안지대를 간척하고 또 개척하여 비옥한 땅으로 만들려고 시도하게 되지요. 이 장면은 말 그대로 거친 파도에 맞서는 인간의 도전 정신, 혹은 창조적 욕구 등을 나타낸다고 하겠습니다. 그런데 파우스트를 읽으면서 드는 의문점, 아니면 감히 파우스트 박사의 한계라고 할까요? 그가 하는 고민은 분명히 노력하고 추구하는 지극히 인간다운 모습입니다. 하지만 또한 지나치게 이성적이고 '배부른' 인간의 고뇌 아닌가 하는 생각이 들었습니다.

메피스토펠레스에게 끌려다니는 여러 장면 가운데서도 주인공이 먹을 것이 없거나 질병 가운데 고통받는 경우는 없습니다. 오히려 농민들이나 낮은 계급의 사람들을 낮춰보는 듯한 분위기도 느껴지지요. 작가로서 비교적 경제적으로나 사회적으로 유복한 괴테가 쓴 작품이기 때문에 자신이 투영된 파우스트의 모습도 그런지 모르겠습니다.

해안가에서도 파우스트는 보리수가 자신의 소유가 아니라서 괴로워합니다. 개척하고 아름답게 만들어가도 소유로 삼지 못한 부분이 남아있다는 것을 괴로워합니다.

저 언덕 위의 노인들을 물러가도록 하고,
보리수가 서 있는 곳을 내 자리로 삼고 싶다.
내 소유가 아닌 저 몇 그루의 나무들이
나의 세계소유권을 망치고 있단 말이다(11,240행 이하).

그리고 주인공은 이런 이야기를 합니다. "부유한 가운데 결핍을 느낀다는 것은, 우리의 고통 중에 가장 혹독한 것이다(11251행)." 글쎄요, 본문에도 나오지만, 열왕기상 21장의 '나봇의 포도원'을 연상케 하는군요. 아합과 이세벨의 고뇌는 별로 건강해 보이지는 않습니다.

그리고 이 해안가를 개척하는 가운데서도 파우스트는 자기가 땀 흘리며 개척하는 것이 아니라, 다른 사람을 독려하고 다그치는 역할만을 하고 있습니다. 파우스트는 이른바 '모던 프로젝트(das moderne Projekt des Humanismus)'의 하나로 노력하고 도전하는 인간상을 보여줍니다. 그러나 또한 성경적인 신앙의 눈으로 바라보면, 작품 가운데 주인공의 고생은 스스로 불러온 면이 큽니다. 일단 지식을 추구하다가 도리어 어려움을 겪게 되는 모습은 창세기에 나타난 선악과, 선악을 알게 하는 나무의 열매를 먹은 인간에 대한 말씀이 떠오르고요. 분명한 사실은 파우스트가 스스로 박사로서 '너무' 지혜로웠기 때문에, 또는 지혜로운 체했기 때문에 메피스토펠레스의 유혹에 빠진 것입니다.

반지성주의로 가자는 말씀이 아닙니다. 하지만 잠 16:18의 "교만은 패망의 선봉이요 거만한 마음은 넘어짐의 앞잡이"라는 말씀이 생각나지 않습니까? 파우스트를 보면서 메피스토펠레스는 파우스트 박사 앞에서 자기를 낮추고 겸손한 듯이 보이는 모습으로 그를 점점 파멸시킨다는 점이 인상적이었습니다. 파우스트 박사는 온갖 진리를 다 깨우친 양, 그리고 상당히 높은 수준인 양 보였지만, 실제로는 자신이 어떻게 망가지는지도 모르는 '헛똑똑이'였는지도 모르겠습니다.

메피스토펠레스의 교묘한 유혹에 빠진 박사를 보면서, 톨스토이의 "바보 이반"이 생각났습니다. 당대 최고의 지성인 파우스트는 메피스토펠레스의 유혹에 빠지지만, 바보 이반이 다스리는 나라에 들어갔던 악마는 손바닥에 노동의 흔적인 굳은살이 없어서 쫓겨나는 장면이 있습니다. 지혜로운 듯하나 도리어 꾐에 빠지고, 어리석은 것 같으나 도리어 유혹을 피할 수 있었다는 사실을 생각해 보아야겠습니다.

마지막 장면에서 파우스트는 악마의 힘을 빌린 것이 허무한 일임을 깨닫습니다. 개척해 놓은 해안가를 바라보면서 다음과 같이 고백하고 숨을 거두게 됩니다.

멈추어라, 너 정말 아름답구나!
내가 이 세상에 이루어놓은 흔적은
영원토록 사라지지 않을 것이다
이러한 드높은 행복을 예감하면서
지금 나는 최고의 순간을 맛보고 있노라(11,582행 이하)

자, 이제 메피스토펠레스와의 계약 기간이 끝났습니다. 파우스트의 영혼은 어떻게 될까요? 이어지는 장면에서는 처음 '천상의 서곡'과 비슷하게 메피스토펠레스와 천사들, 그리고 여러 교부가 등장합니다. 대사로 약간의 공방이 보이지만, 메피스토는 결국 파우스트를 데리고 가지 못합니다. 혹시 파우스트를 처음부터 읽으신 분이라면 주님의 다음 말씀이 기억나십니까? 위에서도 인용했었죠. 316행 이하에서 "그가 지상에 살고 있는 동안에는, 네가 무슨 일을 하든 금하지 않겠노라."라는 문장이 있었습니다. 따지고 보면 메피스토펠레스에게 파우스트가 '지상에 살 동안' 유혹하고 괴롭혀도 된다고 허락했지, 내세에서까지 그를 마음대로 하도록 주님이 허락하지는 아니었다는 사실입니다. 파우스트보다 지혜로워 보였던 메피스토펠레스도, 결국 기억이 나빴는지 자기가 이길 수 없었던 내기를 했던 것입니다.

결국, 파우스트는 지옥에 끌려가지 않고, 구원에 이릅니다. 앞에서 그레드헨의 비극에서 메피스토가 "그녀는 심판받았다"고 이야기했지만, 하늘에서 "구원받았다"는 목소리가 들렸듯이 말입니다. 마무리되는 구원에 대한 묘사는 기독교적인 분위기는 아닙니다. 마리아숭배의 교부도 나오고, 여성적인 존재에 의해 구원되는 묘사는 분명히 성모 마리아를 이야기하고 있습니다.

하지만 문학작품인 것을 고려하여, 도전하고 노력하는 남성적인 힘보다 더 근원적인 사랑하고 기도하는 여성적인 근원을 이야기하는 것이라 이해하면 좋겠습니다. 태초에 힘과 행위가 있었다고 생각했던 파우스트가 어리석었고, 도리어 직접 명시적으로는 나오지는 않더라도 구원을 이루는 것은 사랑이라는 메시지이지요.

파우스트는 어떤 문학 작품 못지않게 상징과 의미가 많이 담겨있습니다. 하지만 조금은 원색적인 신앙적 메시지를 말씀드린다면, 어떤 지혜로운 악마의 유혹도 하나님의 사랑을 뛰어넘을 수 없다는 것, 그리고 유혹에 빠지고 고생을 자초하는 일은 교만과 지식 있고 똑똑한 체하는 데서 비롯된다는 선악과의 진리(?)가 담겨있다고 하겠습니다.

그리고 이 원리는 어쩌면 파우스트 작품에 대한 이

해에도 해당합니다. 당시의 시대적 배경과 고전 그리스 작품의 인물들에 집착(?)하면 이해가 미궁에 빠지기 쉽지만, 기독교 신앙을 가진 독자로서 파우스트에 숨겨진 성경의 이야기와 메시지를 한 번 찾아보시면 어떤 문학가들 못지않게 깊은 이해를 하실 수 있지 않을까요? 한 번 도전해 보시기 바랍니다.

추천 번역

파우스트는 각 행에 번호가 붙어있어, 성경처럼 번역을 비교하는 게 수월합니다. 아래 소개하는 번역에서는 모두 행마다 번호가 붙어있습니다. 독일어가 어느 정도 가능하신 분들은 번호가 붙은 본문을 비교하면 그 뜻을 더욱 잘 아실 수 있을 것입니다.

1. 요한 볼프강 폰 괴테, 정 서웅 역, 『파우스트1, 2』
   (민음사, 2010)

가독성에 있어서 높은 평가를 받는 번역입니다. 역자 정 서웅 교수 자신이 희곡을 쓰기도 한 작가여서 작품의 맛을 잘 살렸습니다.

2. 요한 볼프강 폰 괴테, 이 인웅 역, 『파우스트1, 2』

(문학동네, 2010)

원전을 정확히 옮겼다는 평을 듣는데, 가독성도 떨어지지 않습니다. 원문과 비교해가며 읽기에 더욱 좋은 역본입니다.

함께 읽어볼 만한 책

1. 김 수용, 『괴테, 파우스트, 휴머니즘』(책세상, 2004)

'현대'와 '휴머니즘'이라는 키워드를 중심으로 괴테의 파우스트 전반을 해석하는 연구서입니다. 『파우스트』에 나타난 현대 인본주의의 신화를 분석함으로써 신 중심의 중세와 봉건주의적 사회 체제가 무너지고, 이성과 휴머니즘을 가치로 내건 파우스트가 인간 중심의 새로운 세계를 연 '현대'의 산물이라고 주장합니다.

2. 이 인웅 엮음, 『파우스트 그는 누구인가?』(문학동네, 2006)

파우스트 박사에 관한 이야기는 괴테만이 아니라, 세

계 문학사, 특히 독일 문학 역사 가운데 수십 편의 작품에서 등장합니다. 민중본 파우스트에서부터, 최근의 게임에 이르기까지 각 작품에서 파우스트의 변주가 어떻게 이루어졌는지, 여러 논문을 모아놓은 책입니다.

3. 피에르 그리말, 최 애리 역, 『그리스 로마 신화 사전』(열린책들, 2009)

파우스트만이 아니라, 문학작품을 보면 그리스 로마의 배경을 몰라 이해가 난감한 경우가 적지 않습니다. 그 모든 배경을 독서를 통해서 이해하려 하면 지나치게 많은 시간이 걸릴 것이고, 사전을 참고하는 것이 대안일 것입니다. 신화와 호메로스의 작품 등에 나오는 신과 인물, 지명 등을 잘 정리해 놓은 사전입니다.

진정한 사랑은 언제나
최고의 선으로 향하리

– 단테 알리기에리, 『신곡(La Divina Commedia)』

늘 연말연시 때가 되면, 세월의 무상함에 삶이란 본향(本鄉)을 떠나 거친 길을 걷다가, 결국 되돌아가는 '나그네'와 같다는 사실을 생각하게 됩니다. 『나는 땅에서 나그네가 되었사오니 주의 계명들을 내게 숨기지 마소서』(시 119:19, 개정) 라는 시편뿐 아니라, 인생이 나그넷길이고 어디서 왔다가, 어디로 가는지 모른다는 옛 유행가 가사까지, 마음에 깊은 울림을 줄 때가 많습니다.

그래서일까요? 누가 썼는지도 알 수 없는 수천 년 전의 신화 속에도 주인공이 긴 여행 중에 끝없는 어려움을 잘 극복하고 돌아온다는 모티브가 자주 등장합니다. 그중에는 살아서는 갈 수 없는 저승을 보고 온 이야기들도 많지요. 누구나 떠날 길이지만 돌아오는 사람은 없으니 가장 흥미로운 곳 아니겠습니까? 세계문학사상 최고의 작품을 이야기할 때 빠지지 않는 단테의 신곡도 일종의 천국과 지옥에 관한 저승 여행기라 할 수 있습니다.

　동양어권에서는 단테 작품을 '신곡(神曲)'으로 옮겼습니다만, 원제는 'La Divina Commedia'입니다. 신곡의 '신(神)'에 해당하는 'Divina' 역시 후대에 붙인 표현이므로, 코미디, 희극이 본래 제목이라 하겠습니다. 내용을 보면 '신곡'은 가벼운 작품이 아니고 웃음을 터뜨릴 만한 부분도 보이지 않습니다. 도리어 무겁고 깊이 생각할 부분이 많은 작품을 코미디라고 이름 지은 이유는 무엇일까요? 단테가 스칼라에 보낸 편지에 따르면, '슬픈 시작'에 이어 '행복한 결말'에 이르기 때문입니다. 지옥에서 천국으로, 슬픔에서 행복으로 점점 올라가는 듯한 '상승'의 작품 흐름이 '희극'이라는 제목에도 반영된 것입니다. 하지만 이 일반적인 희극의 수준에는 비할 수 없이 내용과 표현이 매우 고귀하여, 후대에 보카치오가 '신적(神的)'이라는 의미의 'Divina'를 붙였습니다.

단테의 생애가 반영된 신곡

　탁월한 내용과 생생한 표현은 단테의 실제 삶이 작품에 반영되어 가능했습니다. 저자는 정치적인 문제로 유랑 생활을 할 수밖에 없었습니다. 다윗의 시편이 다양한 원수들에게 쫓기는 고난과 역경 가운데 그의 가슴 속에서 나왔기에, 지금 우리에게도 마음 깊은 곳에서 드리는 기도가 될 수 있는 것처럼, 역경을 헤쳐나가는 삶을 살았던 시인 단테가 하나님의 섭리를 바라보며 결국 『신곡』을 썼으니, 작품이 세월을 초월하는 생명력을 가지는 것 아닐까요?

단테의 삶은 그리 자세히 알려지지 않았습니다. 작품을 통해 어느 정도 유추할 수 있을 뿐, 자서전이 없고 사후 50년 정도 지나 나타난 보카치오가 쓴 단테의 전기도 간접적인 자료에만 의존했기 때문입니다. 신곡은 저자와 주인공의 이름이 같습니다. 저자는 단테 알리기에리인데, 알리기에리는 가문 명으로 알리기에리는 몰락한 귀족 가문이었습니다. 그리고 단테라는 이름이 흥미롭습니다. 단테는 라틴어 Durante의 축약 형태입니다. 언제 어떤 이유로 불리게 되었는지 확실하지는 않지만 그 뜻은 견디는 자, 멈추지 않는 자입니다. 이 이름은 작품 '신곡'의 내용을 압축적으로 보여줍니다.

단테의 생애 가운데서도, 정치적인 유랑 경험과 '베아트리체'라는 여인과의 순수한 사랑은 작품을 잘 이해하게 해줍니다. 베아트리체는 단테가 9살에 처음 만난 여인입니다. 하지만 베아트리체가 일찍 죽고, 단테는 다른 여인과 결혼합니다. 이루지 못한 사랑이기에 이상적이고 순수하게 남았을지도 모르겠습니다. 베아트리체는

『신곡』만 아니라, 단테의『신생』(新生, La vita nuova)이라는 작품에서도 이상적인 사랑의 대상으로 나타납니다. '베아트리체(Beatrice)'라는 이름도 '행복을 주는 여인'이라는 뜻이고 보면 실제 인명이 아니라, 이름도 이상화(理想化) 했을지도 모르겠습니다.

작품에 나타나는 인물 중 천국의 문턱(?)까지 주인공을 인도하는 역할을 하는 베르길리우스도 중요합니다. 베르길리우스는 '아이네아스'의 작가인데, 이 작품은 트로이의 장군 아이네아스의 유랑을 노래한 서사시로 라틴어로 쓰인 최고의 걸작으로 손꼽힙니다. 호메로스의 일리아스, 오뒷세이아의 영향을 많이 받았지요. 세계문학사상 3대 서사시 작가라고 하면 호메로스, 베르길리우스, 단테가 꼽히는데 세 사람의 작품이 모두 '유랑'의 모티브를 가지고 있는 것도 흥미롭습니다. 베르길리우스는 단테의 지옥과 연옥 여행은 안내하지만, 그리스도교인이 아니므로 천국에서 인도자는 베아트리체입니다. 신곡의 전체 구성은 큰 줄기로 '빛을 찾아 올라가는' 흐름으로 볼 수 있는데, 그 안내자 역할을 베르길리우스가 하는 것입니다.

신곡을 읽을 때에 먼저 독자들이 유의할 점은, 성경 해설서가 아닌, 문학작품으로 읽어야 한다는 점입니다. 이 작품은 종교개혁도 일어나기 전에 쓰인 작품이라, 여기에서 교리적인 이해나, 바른 성경 이해를 얻으려고 한다면 실망할 겁니다. 일단 기본 구성만 보아도 지옥, 연옥, 천국으로 되어있는데, '연옥' 부분에서 마음이 불편해질지도 모르죠. 하지만 문학작품으로서 각 부분 부분이 일차적으로는 정치적으로 떠돌아다닌 단테의 경험이 반영되었음을 알고, 작품의 묘사에서 우리 삶에 공명(共鳴)되는 부분을 발견하여, 인생에 대한 지혜를 발견하면 더욱 좋을 것입니다. 특별히 이 작품은 소설이 아닌, '서사시'로 표현이 함축적인 뜻이 있어 음미하는 맛이 있습니다. 가능하다면 여러 번역본을 살펴보며, 자신의 표현으로 바꾸어 보기도 하며 읽으면 더 좋겠습니다.

지옥편

신곡은 총 100곡으로 이뤄집니다. 지옥, 연옥, 천국이 각각 33곡씩 있으며, 지옥에 서곡 역할을 하는 1곡이 붙어져 있습니다. 지옥에서 천국까지 여행하려면 시간이 얼마나 필요할까요? 작품 속 전체 시간은 1주일입니다. 1300년 부활주일 금요일부터 다음 목요일 사이에 벌어진 이야기로, 지옥에서 3일, 연옥에서 3일, 천국에서 하루의 시간이 소요됩니다. 구성을 살펴보자면, 중세의 내세관이 녹아있고, 운율이 있는 시로서 100곡 모두가 삼연

체에 11음절로 구성되어 있습니다. 물론 이런 사실은 원어로 읽어야 잘 드러납니다. 다만 이 작품에서는 3이라는 숫자가 삼위일체를 상징하고, 또 10이나 그의 배수가 중요한 데, '완전'이라는 의미를 가진다고 염두에 두고 읽으면 되겠습니다. 다음과 같이 비장하게 작품은 시작합니다.

우리 인생길 반고비에
올바른 길을 잃고서 난
어두운 숲에 처했었네

아, 이 거친 숲이 얼마나 가혹하며 완강했는지
얼마나 말하기 힘든 일인가!
생각만 해도 두려움이 솟는다.

— 지옥편 1곡 1–6행

그리고 지옥 여행을 시작합니다. 지옥은 왜 무서운 곳일까요? 끔찍한 고통이 있다는 이유 때문이기도 하지만, 어쩌면 당하는 고통의 강도보다도, 희망없이 영원히 계속된다는 면이 더 힘든 일일지도 모르겠습니다.

나 이전에 창조된 것은 영원한 것뿐이니,

나도 영원히 남으리라.

여기 들어오는 너희는 모든 희망을 버려라.

- 지옥편 3곡 9행

지옥편에서 영혼들은 무절제, 폭력, 사기의 순서대로 등장하는데, 이는 아리스토텔레스 『윤리학』에 영향을 받았습니다. 본격적으로 지옥에 들어가기 전, 안뜰이라 불리는 장소가 있습니다. 여기에는 세상에서 선을 따르지도 않았고, 악을 따르지도 않았으며, 하나님을 따르지도 않고 배반하지도 않은 이들, 즉 오로지 자신들을 위하는 일에만 열심이었던 이들이 있습니다. 왕파리와 벌떼에게 시달림을 당하며 끔찍한 신음을 내고 있습니다.

그리스도를 알지 못해 세례받지 못한 영혼의 묘사가 흥미롭습니다. 세례 받지 못하고 죽은 어린아이들의 영혼이나, 그리스도 이전의 위대한 철학자나 시인의 영혼으로 선행한 자들은 '림보'에 있습니다. 베르길리우스도 마찬가지고요. 이 사람들은 하나님을 알고자 바라는 마음이 있지만, 이 소망은 영원히 이뤄질 수 없습니다. 특별한 고통은 없지만, 희망이 없음이 형벌인 셈이죠. 그런데 지옥에는 이교도들의 자리도 있는데, 우리에게 익숙한(?) 마호메트도 있습니다. 그는 배가 갈라진 끔찍한 모습으로 고통 가운데 있습니다.

그러면, 가장 깊숙한 곳에는 어떤 이들이 고통받고 있을까요? 이도 저도 아닌 방관자들이 있다고 흔히 알려진 신곡의 명언은 잘못되었습니다. 한가운데 있는 이들은 배반자들입니다. 즉 친족을 배반한 자들, 조국과 자기 당파를 배반한 자들, 친구와 동료를 배반한 영혼들, 은인을 배반한 영혼들이 있고, 한가운데는 지옥의 마왕 루시퍼가 있습니다. 루시퍼는 머리가 셋, 입이 셋인데 이 입에는 가롯 유다와 브루투스, 카시우스를 물고있습니다.

연옥편

연옥은 지옥과 마찬가지로 정죄받고, 형벌을 받는 곳입니다. '희망'이 있다는 점에서 차이가 있습니다. 단테는 베르길리우스를 따라 낯선 섬의 해변에 이르는데, 여기에는 뾰족하게 높이 솟은 산이 있습니다. 이 산의 이름은 '정죄산'입니다. 여기에 이른 영혼들은 모두 산을 오르며, 죄의 허물을 벗으려고 하지요. 정죄산은 연옥 입구, 연옥, 지상 낙원으로 나뉩니다.

엠피레오(정화천)에서 내려온 성 루치아('빛'이라는 뜻)에 의해 단테는 연옥 문턱으로 날아갑니다. 그 문을 지키고 있는 천사가 단테의 이마에 칼끝으로 일곱 개의 P 자를 새겨 주는데, 이 글자는 단테가 덜어내야 할 오만, 질투, 분노, 태만, 인색, 낭비, 탐욕, 그리고 애욕의 죄를 상징하고 구역을 지날 때마다, 이 P자가 하나씩 지워집니다.[1]

신곡에 나오는 연옥을 읽으면서, 마치 지금 우리의 현실을 이야기하는 듯이 느꼈습니다. 고통은 지옥과 큰 차이가 없지만, 지옥의 죄들은 영원한 형벌이고, 연옥은 구원을 받고, 천국에 올라갈 수 있다는 차이가 있죠. 작품의 묘사처럼 이승에 있는 이들의 기도로 죄가 덜어진다든가 노력과 선행으로 구원받는 것은 아니지만, 때로는 지옥 못지않은 괴로움이 있는 현실 중에서도 우리에게는 희망이 있어서 연옥편은 더욱 공감이 됩니다.

오만한 그리스도인들이여, 가엾은 자들이여,
너희 마음의 눈은 병이 들어
뒤로 가는 발길에 아직도 믿음을 두고 있구나!

우리는 유충들, 최후의 심판을 향해
온전히 날아갈 천사 나비가 되기 위해 태어난
유충들임을 모르는가!

---

1 원문에는 일곱 단어가 다 P로 시작합니다.

아직 완전히 성장하지 못한,

결점투성이 미완의 벌레에 지나지 않건만,

어찌하여 마음만 그렇게 높이 세우고 있는가!

- 연옥편 10곡 121-129

특히 다음과 같은 표현은 인생의 분투(奮鬪)를 잘 묘사합니다.

필요를 따라서 가는 사람은

무슨 일이 있어도 꾸물거릴 수 없고

끝까지 자기 길을 곧게 간다.

- 연옥편 25곡 4-6

연옥 중에서 지상낙원은 지상에서 누리는 행복을 나타냅니다. 엠피레오(정화천)에 오르기 전에 지상의 죄를 잊도록 하는 레테 강에서 씻고, 선행의 기억을 새롭게 하는 에우노에 강물을 마십니다. 레테라는 말은 헬라어에서 '망각'이며, 에우노에란 '선의(善意)', '호의' 등을 뜻합니다.

천국편

지옥이 어둡고, 영원한 저주의 세계라면, 천국은 반

대로 빛과 영원한 행복, 덕이 가득한 곳입니다. 그리고 작품의 구성으로도 신곡은 위치상 가장 낮은 지옥에서 높은 천국으로 오르는 구조입니다. 그런데 저는 셋 중에서 제일 낯설게 느껴지는 곳이 천국이었습니다. 지옥과 연옥에서는 현실의 모습이 보이지만, 천국은 너무 이상적이어서도 그렇고, 어쩌면 성경과 단테의 천국이 좀 차이가 있기 때문일지도 모르겠습니다. 특별히 베아트리체가 천국으로 이끄는 존재라는 것이 그렇고요. 지고(至高)한 선으로 이끄는 사랑이라는 면에서는 이해할 수는 있지만 말입니다.

> 진정한 사랑은 언제나 선을 행하려는 의지에
> 깃들며 최고의 선으로 향한다. 마치 탐욕이
> 악을 행하려는 의지에 깃드는 것과 같다.
>
> -천국편 15곡 1-3

　신곡에 나타난 천국은 여러 계층이 있습니다. 본래 천국에 있는 영혼들은 모두 엠페리오에 있지만, 단테를 맞이할 때 축복의 여러 계층이 있음을 알려주려고 각자에게 적합한 장소로 내려옵니다. 그는 여러 단계의 천국을 하나씩 오릅니다. 개인적으로 천국의 다양한 모습이 인상적이라기보다는 도리어 이생에서의 어리석은 모습을 돌아보는 묘사가 더욱 기억에 남습니다. 특히나 700여 년 전에 쓴 서사시임에도 다음 이야기는 마치 지금 이 시대의 교회를 보고 쓴 듯한 느낌도 들지요.

> 그리스도께서는 당신의 첫 수도원에게
> '가서 세상에 너절한 얘기를 전하라.'라고 말씀하지
> 않으셨습니다. 반대로 진실의 바탕을 주셨지요.
>
> 그래서 그들의 입술에는 그리스도의 말씀만
> 담겨졌기에, 믿음을 불태우는 전쟁터에 가서
> 복음을 유일한 칼과 방패로 삼았어요.
>
> 그러나 지금은 설교를 한답시고
> 격언이나 농담을 늘어놓으며 어떻게든 웃기려 하고
> 저들의 수도복을 교만으로 부풀리기나 하지요.
>
> — 천국편 29곡 109~117

이 지면을 통해 여러 작품을 독자들과 함께 나눌 때, 항상 그랬지만 특히 신곡의 경우는 원작의 웅대함과 깊이를 다 담을 수 없어서 안타깝고, 또 작품의 품위를 훼손했을까 봐 걱정이 듭니다. 특히나 신곡에는 한 문장, 한 단

어 오랫동안 묵상하게 하는 부분이 매우 많기 때문입니다. 때때로 사회와 교회를 혼란스럽게 하는 천국과 지옥 체험 간증보다도, 문학 작품이기는 하지만, 지금 일상을 살고 있는 자신의 모습에 대해, 그리고 결국 돌아갈 천국에 대하여 단테의 이야기는 깊이 생각하게 해주는 것 같습니다.

'죽음을 기억하라(Memento Mori)'라는 말이 있지요? 심판의 자리에 서는 날이 있음을 기억하지 못하고 산다면, 어리석은 생애를 살 수밖에 없을 것입니다. 하지만 어려움이 있고, 고통이 있어도 부르심의 상을 좇아가는 삶은 어떤 서사시보다도 깊이 있고 가치 있는 하나님께서 우리에게 쓰도록 하시는 걸작이 아닐까 합니다.

> 만일 그리스도 안에서 우리가 바라는 것이 다만 이 세상의 삶뿐이면 모든 사람 가운데 우리가 더욱 불쌍한 자이리라. (고전 15:19, 개정)

추천 번역

1. 단테, 박 상진 역, 『신곡』(민음사)

이탈리아어에서 번역한, 완역본으로 최근에 출간되었고 가독성 면에서도 훌륭합니다. 일반적으로 읽기에 추천할 만한 번역입니다. 역자인 박 상진 교수는 신곡에 관한 연구로 여러 해설서를 출간할 뿐 아니라, 일반 대중을 향한 강의도 열기 때문에 함께 참고할 만합니다.

2. 단테, 한 형곤 역, 『신곡』 (서해문집, 2005년 초판 발행)

한 형곤 교수는 앞에서 소개한 박상진 교수의 외대 이탈리아어과 스승입니다. 사제간에 단테의 신곡을 평생 연구하고 완역했다는 사실이 뜻깊습니다(참고, 한국일보 2005년 5월 17일 자, 한형곤·박상진 '사제(師弟)'의 대화). 한형곤의 번역은 문자적이면서도 표현을 시적으로 하여, 완역본의 맛을 잘 보여주고 있습니다. 서해문집의 2005년판은 이전 번역을 개정한 것입니다.

3. 단테, 최 민순 역, 『신곡』 (가톨릭출판사, 2013년)

단순한 의미의 전달만이 아니라 시적인 번역으로 정평이 나있는 최 민순 신부의 번역입니다. 1960년대 나왔던 번역을 재출간한 것입니다. 시적인 표현이 뛰어나지만, 약간 옛 말투가 눈에 띄기도 합니다.

함께 읽을 책

1. 한 형곤, 『풀어쓴 단테의 신곡』 (한국외국어대학교 출판부, 2003년)

오랫동안 단테 문학을 연구하고 강의해 온 저자가 쓴 쉽게 풀어쓴 신곡(神曲)입니다. 이해에 필요한 배경과 핵심 등장인물과 해석을 제공하여, 단테의 삶과 문학에 대해 일반 독자들이 쉽게 이해할 수 있도록 하였습니다.

2. 박 상진, 『단테 신곡 연구: 고전의 보편성과 타자의 감수성』 (아카넷, 2011년)

역시 단테 문학의 전문가인 저자가 '신곡'에 대하여 우리의 시각으로 해석을 시도한 책입니다. 『신곡』이 타자에 대한 풍부하고 예민한 감수성을 지니고 있고, 그것이 『신곡』을 다양한 타자들의 맥락에서 새롭게 해석할 수 있는 가능성을 주며, 진정한 의미에서 보편적인 가치를 지닌다고 말합니다. 또한, 단테의 작품이 우리 문학에 어떤 영향을 미쳤는지도 정리했습니다.

공연

　2013, 2014년 국립극장에서 단테의『신곡』을 연극
으로 공연하였습니다. 정 동환, 박 정자 등 무게감 있는 배
우들이 열연하고, 지옥 부분에서 나오는 국악은 '한(恨)'을
표현해서인지 매우 잘 어울립니다. 도리어 천국에 대한
묘사가 좀 약하게 보입니다만, 상승을 상징하는 무대 장
치와 여러 요소가 깊은 인상을 남겼습니다. 반응이 좋아,
2014년에도 공연된 것이니, 2015년에도 상연된다면 기
회를 놓치지 마시기 바랍니다.

4. 다시 살리시리라

『순교자』

『침묵』

『을화』

가끔 '순교'를 생각합니다. 어느 때보다 자유로이 신앙생활 할 수 있지만, 우리의 모습이 너무 부끄러워 다시 새롭고 정결하게 하시는 역사가 있지 않을까 하는 고민 때문입니다. 단지 육체가 죽고 사는 문제가 아니라, 나를 십자가에 못 박고 그리스도가 사시는 그런 삶이요, 그런 교회인가 생각하게 되는군요. 어쩌면 부활의 능력을 믿지 못하고, 나의 절망이 주님의 절망인줄 아는 모습 때문에 하나님의 역사를 보지 못했는지도 모르겠습니다.

당신의 신, 그는 인간의
고통에 대하여 알고 있습니까?

— 김 은국,『순교자』[1]

2013년 3, 4월쯤이었던가요, 연평도 포격 등 연일 강도가 세어지는 북한의 도발로 온 나라가 불안했던 때였습니다. 불현듯, '이러다가 순교의 때가 올 수도 있겠구나!' 하는 생각이 들었습니다. 당연하게 누리고 있는 신앙의 자유가, 돌아보니 사실은 매우 특별한 것이었습니다. 지금의 대한민국처럼 별다른 어려움 없이 기독교 신앙을 가질 수 있는 시대와 장소가 교회 역사상 얼마나 있었을까요? 이 땅에서도 50년 전만 하여도 신앙을 지키기 위해 목숨을 걸어야 했음을 우리는 알고 있습니다.

김 은국의『순교자(殉敎者)』는 바로 그런 일이 벌어지

---

1 소설의 원제는 The Martyred 입니다. 보통 영어로 순교자는 'martyr'인데, 뒤에 −ed가 붙어서 그냥 순교자가 아니라 '순교 당한 사람'을 나타낸다고도 볼 수 있습니다. 또한 영어의 martyr는 헬라어의 '목격자', '증인'이라는 뜻인 martus의 어간에서 나온 것입니다. 그렇게 보면 순교자의 제목은 목격된 자들이라는 의미를 가진다고도 볼 수 있습니다. 한글 제목인『순교자(殉敎者)』에서는 이러한 뜻을 다 표현하기 어렵습니다.

던 6.25 전쟁을 배경으로 하고 있습니다. 구체적으로는, 인천상륙 작전을 통하여 한국군과 유엔(UN)군이 북진하고 아직 본격적으로 중공군의 참전은 이뤄지지 않아 후퇴하기 전 시기의 평양입니다. 이 작품은 휴전한 지 10년 정도 지난 1964년에 발표되었습니다. 어쩌면 고전(古典)이라고 보기에는 50년이라는 세월은 너무 짧을지도 모르지만, 생각하도록 만드는 힘과 던지는 메시지가 오랜 세월 사라지지 않을 작품이 분명하기에 함께 살펴보려고 합니다.

이 소설에는 특이한 점 몇 가지가 있습니다. 첫 번째는 '전쟁 소설'이지만 전투 장면이 나오지 않고 문학 작품에 흔히 있는 남녀 관계의 미묘한 감정선이 나타나지 않습니다. 아니 아예 등장인물 가운데 여자가 등장하지 않습니다. 그리고 눈보라가 휘몰아치는 추운 날씨에 엄격히 시행되는 통행금지, 그리고 많은 전투와 폭격으로 가까스로 무너지지 않고 남아있는 교회 건물과 폐허뿐인 도시의 모습은 저자의 메시지와 등장인물들의 대화에 더 집중하도록 만듭니다.

작품의 중심은 6.25가 일어나기 일주일 전 공산당의 비밀경찰이 목사 열네 명을 '반동' 혐의로 체포하여 그 중에 열두 명을 처형한 사건입니다. 이 사건의 진실을 파헤치는 것이 소설의 내용이지요. 북한의 점령 시절, 기독교인들에 대한 박해가 있었고, 1950년 10월 한국군과 유엔군이 다시 평양을 점령하자 이 대위는 정치정보국의 장대령으로부터 처형 사건을 수사하라는 명령을 받습니다. 조사결과 생존자는 두 명인데, 살아남은 목사 중 한 사람은 고문 도중 정신착란을 일으켜 풀려난 한(韓) 목사입니다. 그런데 그와 달리 멀쩡해 보이는 신 목사가 어떻게 살아 남았는지는 의문입니다.

이 대위는 이상하리만큼 침묵을 지키는 신 목사가 무엇인가 숨기는 것이 있음을 직감하지만, 수사를 계속하면 할수록 더욱 풀리지 않는 미궁에 빠집니다. 처음에는 격리 수용되어 있어서 열두 명 목사의 일이 벌어진 현장에 없었다고 말했다가, 나중에는 총살 현장에 있었다고 말합니다. 자신이 살아남은 이유는 '하나님의 개입하심'이던지, 아니면 운이 좋은 탓으로 돌리고 말입니다.

소설에서 이 대위는 '사실'을 추구하는 인물로, 전쟁 전에 '인류문명사'를 대학에서 가르친 강사 출신인데, 작품 내에서 신 목사와 대립하며 진실을 밝혀 나가는 역할을 합니다. 이 대위가 사건을 파헤치며 신 목사의 생존 이유를 캐나가는 중, 갑자기 신 목사는 신도들과 동료 목사들에게 실제로 자신이 동료 목사들을 배반한 탓에 살아남을 수 있었다고 고백하고 용서를 구합니다. 순교자들을 위한 추도 예배 위원회에 평양시(市) 목사들이 모인 자리에서 일어난 일이었습니다.

"여러분, 내가 죄를 지었소. 우리 순교자들을 배반한 사람은 바로 나였소."

갑자기, 나이 한 서른쯤 돼 보이는 젊은 목사 하나가 연로한 목사들을 밀치고 앞으로 돌진했다. 모두 깜짝 놀라 그를 바라보았다. "난 알고 있었어! 당신이란 걸 알고 있었어!" 젊은 목사는 소리쳤다. "알고 있었어!" 그는 당장이라도 달려들어 가리가리 찢어놓겠다는 듯 매몰찬 눈초리로 신 목사를 노려보며 외쳤다.

의분에 찬 젊은 목사와는 달리, 나머지 목사들은 일제히 신 목사에게로 다가와 그를 위로합니다. 그만하면 충분하니 더 아무 말도 말라고 간청하며, 그 자리에서 기도하며 신 목사를 축복하고 적대세력 앞에 굴복하고 자기만족에 빠졌던 죄를 고백하면서 함께 회개합니다. 이런 일이 있고서, 교인들 사이에는 신 목사가 살아남은 것이 유다의 예수님 배반처럼, '순교당한' 목사들을 배반하였기 때문이라는 소문이 돌고, 청년들이 몰려와 돌을 던지며, "유다여 나와라! 유다여 회개하라!"를 외치기도 하죠.

신 목사의 교회에서 열리게 되는 특별 집회에서 신 목사는 순교자들이 어떤 고문을 받았으며, 고통을 당했는지 증언합니다. 듣기에 괴로워하던 성도들 사이에서 제발 그만해 달라는 소란이 일어나지만, 강단을 세게 내려치며 신 목사는 순교자들의 아픔에 동참해야 할 것 아니냐는 일갈(一喝)로 설교를 이어가고 큰 은혜를 끼칩니다.

순교자들은 갈수록 추앙받고, 교회들도 도리어 부흥하는데, 목사 12명의 처형 사건에 실제로 참여한 인민군 장교인 정(鄭) 소좌가 체포되면서 상황은 반전이 됩니다. 그에 따르면 열두 명의 목사 중 몇은 고문을 이기지 못하고 동료를 배반하였고, 심지어 하나님을 비난하면서 '마치 개처럼' 죽어 갔다는 사실을 전합니다.

내가 당신네들의 그 위대한 영웅, 위대한 순교자들이 꼭 개처럼 죽어 갔다는 얘기를 들려 줄 수 있게 된 것은 큰 기쁨이오, 꼭 개새끼들처럼 홀쩍거리며, 낑낑거리며, 엉엉 울면서 죽어 갔소! 살려 달라 아우성치고, 자기네 신을 부정하고 동료들을 헐뜯는 꼬락서니란 과연 보기만 해도 즐거웠소. 그들은 개처럼 죽은 거요! 개처럼, 알겠소? 모조리 죽여 버려야 하는 건데!

이 과정에서 또 한 가지 중요한 사실이 밝혀집니다, 신 목사는 다른 목사들을 배반했기 때문이 아니라, 도리어 유일하게 회유와 고문을 이겨내고 공산군에게 침을 뱉는 용기를 보여주었기 때문에 살아나게 된 것입니다.

김 은국의 『순교자』에 나타난 가장 중요한 주제 중의 하나는 겉모습과 참모습의 괴리입니다. 소설에 등장하는 많은 이들이 진실을 드러내거나 그것을 받아들이지 않고, 사실이 드러나는 것을 두려워해서 덮거나, 의도를 가지고 왜곡시키려는 모습을 보입니다.[1] 신 목사뿐 아니라, 성도들도 진실과는 상관없이 위로받고 힘을 얻을 수 있는 '순교자의 이야기'가 필요했습니다. 이런 기독교인들의 모습을 이 대위는 냉소적으로 바라봅니다.

"어제 예배에 갔었습니다, 목사님." 나는 말했다. "늦게 도착하는 통에 목사님 얘긴 못 들었습니다만 순교자들의 영광을 드러내느라 대단한 일을 하셨다고요."

그의 엄숙한 눈길은 그러나 전혀 동요하지 않았다. "그랬

---

1 어쩌면, 소설에는 잘 드러나지 않지만 정 소좌의 증언도 여기에 포함될 수 있겠습니다. 붙잡힌 포로의 입장에서 과연 사실 그대로를 전해준 것일까, 어조를 보더라도 목사들이나, 남한을 조롱하기 위해 의도적인 왜곡이 어느 정도 있었으리라 보는 것이 합리적입니다.

던가요."

"목사님께선 모든 사람을 만족시켰습니다."

"당신도, 대위?"

"저야 워낙 만족할 것도 만족하지 않을 것도 없었으니까요. 그 열두 명 목사들에게 후광을 씌우고 교회를 오명에서 건지려 했던 건 목사님의 결정이었죠. 그건 목사님의 결정이지 제 결정이 아니었습니다."

뭔가 표리부동(表裏不同)한 평양 교회의 모습을 치안을 맡은 정보당국에서는 마뜩잖게 바라봅니다. 책임자 장 대령의 입을 빌리자면, '비참한 목사들의 거룩한 성의(聖衣) 아래에 숨겨져 있는 그 모든 추악한 비밀[2]'이 있다고 생각하는 것입니다. 그런데 실은 이 대위의 상관이었던 장 대령을 비롯한 당국도 순교자 사연을 이용해서 공산당에 대한 도덕적 우위를 홍보하려는 의도가 있었고 결국 평양 시민들에게는 알리지 않고, 서울로 퇴각하려 했으니, 겉과 속이 다르기는 마찬가지라고 하겠습니다.

그런데 순교자들이 의연히 목숨을 걸고 신앙을 지

---

2 이 표현을 김 은국 문학에 대한 연구서를 펴낸 김 욱동 교수는 『순교자』의 주제를 나타내는 문장이라고 말합니다. 김 욱동, 『김 은국: 그의 삶과 문학』(서울대학교출판부, 2007), p.179.

키지는 않았다는 사실 말고도 반전이 한 가지 더 남아있습니다. 신 목사는 계속 무엇인가 이 대위에게 할 말이 있어 보이지만 끝내 입을 열지 않았었습니다. 이제 군대가 서울로 철수해야 되는 상황이라 신 목사를 데리고 가려고 설득하는 가운데 이 대위는 놀라운 말을 듣습니다.

> 목사님의 신이건 그 어떤 신이건 세상의 모든 신들은 대체 우리에게 무슨 관심을 갖고 있습니까? 당신의 신은 우리의 고난을 이해하지도 않을뿐더러 인간의 비참, 살육, 굶주린 백성들, 그 많은 전쟁, 그리고 그 밖의 끔찍한 일들과는 애당초 아무 상관도 하지 않습니다. … (중략) … 전 목사님이 한 일을, 당신께서 당신의 백성들에게 하고 있는 일들 경멸합니다. 거짓말에 거짓말의 연속 아닙니까? 무엇 때문이죠? … (중략) … 우리가 지금 여기서 당하는 고통은 고통일 뿐 거기에는 우리가 이승 너머에서 찾아낼 어떤 정의로움도 없습니다.

이 대위가 언제가 신의 정의(正義)에 대한 질문에 답하지 않았다고 다그치듯이 신 목사에게 이야기하자 이렇게 대답합니다.

"그동안 얼마나 괴로웠겠소, 이 대위. 지금도 괴로워하고 있겠지요. 나도. 나 역시도 괴롭소." … (중략) … "난 평생 신을 찾아 헤매었소." 그는 소곤거리듯 말했다. "그러나 내가 찾아낸 것은 고통받는 인간 … 무정한 죽음에서 벗어나지 못하는 인간뿐이었소."

"그리고 죽음의 다음은?"

"아무것도 없소! 아무것도!"

그의 파리한 얼굴에는 엄청난 고뇌가 일고 있었다.

신 목사는 전쟁을 통해 목격한 인간의 고통 문제 가운데, 이렇게 처참하게 인간을 내버려둔다면, 하나님은 존재하지 않는다는 결론을 내렸고, 그럼에도 앞장서서 순교자 신화(?) 만들기에 힘썼던 이유는 역설적으로 고난 받는 이들에게 희망과 믿음을 주어야 하므로 '환상'을 심어 주려고 했던 것입니다. 그는 굉장한 휴머니스트였지만, 분명히 하나님을 믿지 않는, 혹은 믿지 않게 된 사람이었습니다. 겉으로는 자신의 행동을 회개하고 또 설교를 통해 은혜를 끼쳤지만, 실제로는 자신의 행동을 후회한 적도 없었고, 자신이 전하는 말씀을 사실이라 믿지도 않았습니다. 다만 인간에 대한 사랑이 있었기에, 자신을 배교자로 내보이면서까지 나머지 목사 12명을 순교자 아닌 순교자로 만들었습니다.

그 후 서둘러 퇴각하는 과정에서 신 목사와 이 대위는 헤어집니다. 그 후 신 목사는 북한에서 아직 복음을 전한다, 공산당에게 처형을 당했다, 남한에 내려와 어느 해안가에서 말씀을 전하고 있다는 등의 소문이 들릴 뿐이지 어떻게 되었는지 확인하지 못합니다. 소설은 이 대위가 신 목사의 친구였던 고 군목(軍牧)을 찾아 피난민 교회를 찾았다가 해안가 밖으로 나오는 장면으로 마무리됩니다.

나는 교회 밖으로 걸어 나와 신을 가진 사람들, 그래서 '아멘'이라 말할 수 있는 사람들의 웅얼거리는 목소리를 들으며 밖에 서 있었다. 잠시 후 예배가 끝났는지 소년이 천막 밖으로 나와서 종을 흔들었다.

나는 걷기 시작했다. 줄지어 늘어선 난민 천막들―수많은 고난이 소리 없이 사람들의, 내 동포들의 가슴을 쥐어뜯고 있는 그 천막들을 지나 나는 넓은 바다가 와서 출렁이고 있는 해안 모래밭 쪽으로 걸어갔다. 거기에는 또 다른 한 무리의 피난민들이 별빛 반짝이는 밤하늘을 지붕 삼고 모여 앉아 두고 온 고향의 노래를 흥얼거리고 있었다. 그러자 나는 그때까지 한 번도 느껴보지 못했던, 신기하리만큼 홀가분한 마음으로 그들 사이에 섞여들었다.

인간이 고통받고 계실 때 하나님은 뭐하고 계셨는가? 이 문제에 대한 답은 절대 단순하지 않습니다. 하나님이 정의로우시다면 왜 악을 그대로 내버려 두시는가에 대한 '신정론(神正論, theodicy)'은 결코 쉬운 문제가 아니죠. 어쩌면 이 주제는 2천년 교회 역사상 가장 고민해온 문제인지도 모릅니다.

그런데 신비로운 것은 고통의 문제를 만나게 되었을 때, 하나님은 왜 나를 보호해주시지 않는가, 이렇게 비참함을 겪도록 내버려두는가? 이런 걸 보니 하나님은 계시지 않는다, 남는 것은 인간 뿐이라고 결론을 내리는 사람만 있는 게 아니라는 점입니다. 같은 아우슈비츠의 암울한 상황을 겪고 나서도 쁘리모 레비 같은 이는 그러므로 '신은 존재할 수 없다'라는 결론을 내렸지만, 빅터 프랭클은 도리어 처절한 고통 가운데, 위로가 되고 희망과 삶의 의미가 되는 신앙에 대하여 이야기 합니다.[3]

『순교자(The Martyred)』가 발표되었을 당시 평단에서는 인간의 고통과 신의 정의에 관한 문제를 탁월하게 다

---

3 빅터 프랭클은 기독교인은 아니고 유대인이기는 합니다. 하지만, 생존 자체가 어려운 가운데서도 경건한 종교 생활이 가능했다는 사실은 분명히 증거하고 있습니다. 프리모 레비와 빅토르 프랭클의 이야기는 다음 책에서 확인할 수 있습니다. 프리모 레비, 이현경 역, 『이것이 인간인가』(돌베개, 2010)빅토르 프랭클, 이시형 역, 『죽음의 수용소에서』(청아출판사, 2012)

루었다고 논평하면서, 이 작품은 도스토예프스키, 거슬러 올라가서는 욥기의 반열에 서 있다고 평하였습니다. 이유를 알 수 없는 고통 가운데, 욥의 회개와 감사의 기도가 나온 것은 논리적인 친구들의 설득 때문이 아니라, 38장 이후 폭풍 가운데서 창조와 하나님의 권능의 신비를 비춰 주셨을 때임을 유념할 필요가 있겠습니다.

신 목사는 그 암울한 전쟁 상황 가운데, 사람들에게 희망을 주기 위해 거짓 순교자를 만들어 내고, 본인은 의심하는 내용을 전하면서 은혜를 끼쳤습니다. 그런데 여러 가지를 고민하게 됩니다. 만약 처음부터 진실을 드러냈다면 과연 사람들은 절망하고 교회는 돌이킬 수 없이 피폐하게 되었을까요? 소설의 내용을 보면 동료 목사들과 성도들은 배교한 것으로 알려진 신 목사를 품어주었었습니다. 그렇다면 열두 명의 목사가 겪었던 어려움과 배교도 교회가 건강히 품고 이겨낼 수 있지 않았을까 생각하게 됩니다. 시간은 걸렸겠지만 말입니다.

『순교자』에는 진정한 순교자는 한 사람도 없었습니다. 목숨을 잃은 12명도 그렇고, 고문 중에 정신을 놓아버린 한 목사나, 모든 것을 목격했으나 자신의 의도대로 덮어버리려고 했던 신 목사나 순교된, 순교한 것으로 여겨지는(matyred) 사람들은 있을지 몰라도 하나님께 정말로 자신의 목숨을 내어드린 순교자는 없었던 것입니다.

어쩌면 이것은 지금 우리에게도 가장 중요한 문제일지도 모릅니다. 전쟁과 같이 절박한 상황은 아니어도 사람들은 인간의 고통에 대하여, 어그러진 불의의 문제에 대하여 하나님은 뭐라 하시는가 질문을 던집니다. 이때 소설 속의 신 목사처럼 사람들이 절망할까 봐, 희망을 잃어버릴까봐 도리어 교묘히 꾸미는 거짓의 길을 가곤 하는 것이 우리의 실수 아닐까요? 아니면 답변을 회피하거나 세상 사람들도 가볍다고 생각할 표피적인 설명만 내어놓든지 말입니다.

하나님이 어떻게 하실지 우리는 예측할 수 없습니다. 문제는 부수고 다 흩어버린 후에도 다시 살리시는 하나님. 능히 다시 세우실 수 있는 하나님을 믿지 못하고 폭격을 맞아 겨우 버티고 있었던 평양의 교회당처럼, 가까스로 버티고 있는 교회를 주님께 맡겨드리지 못하고 도리어 거짓을 덧칠하고 있는 것이 아닐까 합니다. 우리가 이렇게 거짓과 풍요에만 익숙해진다면 거룩함을 회복하기 위해서라도 다시 한 번 환란의 때를 허락하시지 않을까 하는 안타까운 심정까지 듭니다.

소설을 다시 살펴보며 다시 한 번 '순교(殉敎)'에 대하여 묵상해 봅니다. 확실히 저의 의지나 체력 등등으로는 고통의 순간이 왔을 때에 아무것도 장담할 수 없습니다. 하지만 또한 주님께서는 저의 연약함을 아시기에, 장담할 수 없다는 저의 고백도 기쁘게 받아주실 줄로 믿습니다. 상하고 통회하는 심령을 주께서 멸시하지 않으신다고 하셨으니까요. 저를 포함한 이 땅의 그리스도인들이 고난과 핍박의 때가 오기 전에 하나님 앞에 진실 되게 무릎 꿇을 줄 아는 사람들, 매일매일 날마다 죽을 줄 아는 이들, 진정한 순교자의 삶을 사는 이들이 되기를 소망합니다.

그리고 지금도 순교의 믿음을 보이는 북녘의 기독교인들에게도 자유로이 하나님께 예배드릴 날이 속히 오기를 기도합니다. 우리 주님이 속히 이루실 겁니다.

추천 번역

혹시 한국 작가에게 무슨 번역인가 싶으시겠지만, 김 은국의 순교자는 Richard Kim 이라는 필명으로 제목 "The Matyred"로 발표된 소설입니다. 원작이 영어로 쓰였기에, 당연히 번역이 필요합니다.

1. 김 은국, 도 정일 역, 『순교자』(문학동네, 2010)

2014년 4월 현재 절판되지 않고 살 수 있는 유일한

번역이기도 합니다. 70년대 말 번역되었던 역자의 번역
을 다시 수정 번역하여 출간한 것입니다.

2. 김 은국, 『순교자』(을유문화사, 2004)

저자가 유일한 정본 번역이라고 말한 을유 문화사 판
입니다. 아마도 저자가 직접 번역을 한 것이 아닌가 추정
되지만, 몇 가지 실수의 흔적이 보이기도 합니다. 아마도
저작권 문제 때문에 더 이상 새 책으로는 구하기 어렵지
만, 도서관이나 중고 서적으로는 구할 수 있을 것입니다.

3. Richard Kim, 『The Martyred』(penguin classics, 2011)

김 은국의 작품이 펭귄 클래식에 까지 포함될 정도
로 문학성을 인정받았다는 점이 놀랍습니다. 1964년 당
시에는 노벨상 후보에도 올랐고, 평단에서도 세계적으로
극찬을 받았기에 가능한 일일 것입니다. 영어로 쓴 원문
을 보기를 원하시면 지금도 구할 수 있으며, 아마존에서
Kindle 버전으로도 내려받을 수 있습니다.

참고 서적, 자료들

1. 김 욱동, 『김 은국: 그의 삶과 문학』(서울대학교 출판부, 2007)

김 욱동 교수가 쓴 김 은국의 문학 세계에 대한 깊은 논의들입니다.

2. 유 현목 감독, 영화 〈순교자〉 1965년작.

남궁 원, 김 진규, 장 동휘 등이 출연한 영화입니다. 저자는 엔딩 장면이 소설과 조금 다르게 묘사된 것을 못마땅하게 생각했다고 합니다.

밟아라, 밟아도 좋다

– 엔도 슈사쿠 『침묵』

우리나라 역사 기록에 '기독교[1]'가 처음 등장한 것은 언제일까요? 임진왜란의 포루투갈 군종 신부 이야기나, 경주 불국사에서 출토된 돌 십자가, 효종의 기독교인 접촉과 세례설, 또 예수님의 제자인 도마가 한국에 왔으리라는 견해까지 여럿 있습니다. 하지만 공식적인 역사 기록으로는 그 흔적을 찾기가 어렵습니다. 그런데 조선왕조실록에서, 1636년, 인조실록 36권 을 보면, 동래부사가 정 양필이 다음과 같이 보고합니다.

가강(家康)[2]이 일본의 관백이었을 때, 길리시단(吉利施端)[3]

---

1 여기에서 기독교란, 구교가 합쳐진 개념입니다.

2 덕천가강(德川家康). 도쿠가와 이에야스. 토요토미 히데요시의 뒤를 이어 정권을 잡은 일본 장수.

3 '크리스천'의 음역(音譯)

이라고 하는 남만인(南蠻人)들이 일본에 와 살면서 단지 하느님에게 기도하는 것만 일삼고 인사(人事)는 폐하였으며, 사는 것을 싫어하고 죽는 것을 기뻐하며 혹세무민 하였는데, 가강이 잡아다 남김없이 죽여 버렸습니다."

우리 역사에 기독교인을 나타내는 '길리시단'이 공식적으로 처음 나타나는 부분입니다. '일본 기독교'와 관계되어 나온다는 점이 관심을 끕니다. 후대의 박 지원도 '기리시단'을 설명하면서 일본에서 시작된 용어라고 설명합니다.[4] 일본의 천주교는 임진왜란 때만 하여도 포르투갈 군종신부를 파견할 정도로 제법 세력이 커졌습니다. 하지만, 이후 극심한 박해를 받아 거의 '남김없이' 사라졌습니다. 과연 어떤 일이 벌어졌던 것일까요? 이 때를 배경으로 하는 소설이 엔도 슈사쿠의 『침묵』입니다.

저자는 나가사키 박물관에서 '후미에(踏繪)'를 보고 소설을 구상했다고 합니다. '후미에'란 예수님의 얼굴이

---

4 사학의 이른바 '기리시단(伎離施端 크리스천)'이란 네 글자는 사람의 이름인지 법호인지 모르겠으나, 대저 극히 요망하고 괴이한 것이다. 처음에 일본 시마바라(島原)에 살면서 야소(耶蘇 예수)의 학으로써 선교하였다. 이에 일본 민중들이 그 설을 한 번 듣고서 염세적인 생각에 휩쓸리어 제 몸뚱이 보기를 표류하는 뗏목이나 부러진 갈대 줄기처럼 여겨, 세상일에 구애받지 않고, 사는 것이 즐거운 줄도 모르며, 칼에 죽거나 형(刑)에 죽는 것을 도리어 자신의 영화로 여겼다. 어떤 이는 말하기를 '기리시단이란 사람 이름이 아니라, 바로 하느님을 섬기는 호칭이다.'라고 한다. … (박지원, 연암집 제2권)

그려지거나 새겨진 일종의 성화판(聖畵板)인데, 일본의 그리스도 박해 시대에 그리스도인들이 고문을 피하여 생명을 부지하려면 이 후미에를 밟아 자신이 배교하였음을 증명해야 했습니다.

『침묵』은 예수회 신부 세바스티안 로드리고의 편지로 시작됩니다. 책머리에 배경 설명을 위한 도입이 있기는 하지만, 로드리고가 교황청에 보낸 보고 형식의 이 편지가 본격적인 이야기의 시작이라 할 만합니다. 그가 일본으로 들어간 데에는 특별한 이유가 있었습니다. 포르투갈 예수회에서 일본에 파견된 페레이라 신부가 '구덩이 속에 달아매는' 고문을 받고 배교했다는 소식이 전해졌고, 또 나머지 선교사들도 소식이 끊어집니다. 그들의 형편을 알아보고 또 무너진 교회를 재건하고자 로드리고는 일본을 찾습니다. 그에게 페레이라 신부는 매우 존경하는 스승이었기에 사건의 전말을 알고 싶은 마음도 컸지요.

하지만 그는 페레이라 신부의 흔적을 명확히 찾을 수가 없었습니다. 여기저기 흩어져 잔멸되어 가는 신자들의 고초를 알게 될 뿐이지요. 『침묵』에는 신자들이 받는 고문 이야기가 나옵니다. 일본은 지금도 온천으로 유명하지 않습니까? 그 뜨거운 물을 이용하여 고통을 주는데, 목욕에 적당한 온도의 물을 부으면 따뜻하고 기분이 좋겠지만, 고문에 사용되는 온천은 100도가 되어 펄펄 끓는 물입니다. 운젠(雲仙) 온천[5]의 그 뜨거운 온천수를 사용하여, 서서히 고통을 주되 빨리 목숨이 끊어지지 않게 합니다. 뜨거운 물에 담궈 극한의 고통이 오래가게 합니다.

또 다른 고문의 방법으로는 사람을 구덩이 속에 달아맵니다. 밀물이 들어오는 바닷가에서 움직이지 못하도록 기둥에 묶어놓기도 하고, 또 귀 뒤쪽에 작은 구멍을 내어 거꾸로 달아매어 피가 조금씩 흐르도록 해서 가능한 한 고통을 길게 느끼며 죽어가도록 하는 거죠. 그냥 매달면 금세 절명하지만, 악명 높은 수령(守令) 이노우에가 고통을 많이 느끼도록 발명한 고문 방법이라고 합니다. 로드리고 신부는 이런 소문을 실제로 확인하지만, 자신만은 굴복하지 않으리라 여러 번 다짐합니다. 그리고 존경하던 페레이라 신부가 과연 이런 고문 때문에 배교하였을까, 실망하며 한편으로는 의문을 품습니다.

여러분은 어떠신가요? 우리 교회사에서도 큰 박해의 때가 있었는데 만약 그런 고통이 작품 속의 묘사가 아

---

5 지금도 운젠 지역은 일본의 유명한 관광지로, 뜨거운 유황온천으로 '지옥'의 뜨거움과 냄새에 비교하는 경우가 많다고 한다.

니라 정말 내게 닥친다면요? 저도 생각해 보았습니다. 만약 다시 박해의 때가 다가오면, 끝까지 나의 신앙을 지킬수 있을까 하고 말입니다. 지금 내게 일어난 일은 아니기에 장담할 수는 없지만, 인류 역사상 교회가 세워지고 지금만큼 신앙의 자유를 누리고 사는 경우가 별로 없었다는 사실만은 확실합니다.

페레이라의 행적을 추적하는 가운데 로드리고는 두 부류의 신자를 만납니다. 한편은 연약한 몸에도 불구하고 의연히 신앙을 지키는 이들이요, 한편으로 이른바 배교자들입니다. 그 중에서도 '기치지로'라는 인물이 매우 독특합니다. 로드리고를 만난 이후 거의 괴롭히다시피 말을 걸기도 하고, 또 고해성사를 받아달라고 하기도 합니다. 그리고 어쩌면 저자 엔도 슈사쿠는 기치지로를 통해서 하고 싶은 이야기를 전하는지도 모르겠습니다. 로드리고는 편지에서 기치지로의 이야기를 이렇게 전합니다.

그냥 들어 넘기면 아무렇지도 않은 겁쟁이의 이 어리석은 한탄이 왜 예리한 바늘 끝처럼 가슴을 이렇게 아프게 찌르는지요. … 기치지로가 말하고 싶었던 것은 좀 더 다른 무서운 얘기였습니다. 그것은 하나님의 침묵입니다. 박해가 일어나 오늘까지 20년, 이 땅에 많은 신자들

의 신음소리가 가득 차고, 신부의 붉은 피가 흐르고, 교
회의 탑이 무너져 가는데도, 하나님은 자기에게 바쳐진
너무나도 참혹한 희생을 앞에 두고도 여전히 침묵만 지
키고 계십니다.　　　　　　　　–세바스티안 로드리고의 편지 중.

　　명확히 드러나지는 않지만, 이 기치지로 때문에 로
드리고는 결국 잡히고, 수령(守令) 이노우에 앞에 가게 됩
니다. 예수회 선교사들이 그 앞에서 줄줄이 배교했던
이노우에 앞에 로드리고도 끌려가는 것이죠. 그리고 처음
에는 비교적 좋은 대우를 받으며 감옥에서 지냅니다. 둘
은 몇 차례 대화하는데 이노우에가 매우 지혜로운 현자
(賢者)로 나타납니다. 밀턴의 실낙원에서 볼 수 있듯이 문
학작품에서 사탄이나 반기독교적 등장인물들은 매우 지
혜로운 존재로 등장하는 경우가 많습니다. 창세기에서 볼
수 있듯이 인간의 최초 범죄에 있었던 뱀이 그랬고, 선악
과가 곧 선악을 알게 하는 '지식의 나무'[6]이기에 그렇지 않
나 생각됩니다. 이노우에는 선교사들이 전한 것이 정말로
일본인들에게 필요했는지, 그리고 그것이 효과적이었는
지 질문합니다. 그리고 일본에 전한 복음이 얼마나, 일본

---

6 '선악을 알게 하는 나무'라는 히브리어는 '선과 악 지식의 나무'라고 번역할 수 있습니다.

식으로 왜곡되었는지도 지적하죠. 자신이 영세를 받았던 신자였기에 그렇게 이야기 할 수 있는지도 모르겠습니다.

그러던 어느 날, 통역으로부터 로드리고는 오늘 밤에 분명히 당신은 배교하리라는 확언을 듣습니다. 하지만 그는 어떤 참혹한 고문이 있을지 조금 두려웠지만, 마음은 이상하리만큼 평안합니다. 그리고 먼저 갇혀있던 누군가 벽에 써놓은 "주님을 찬양하라(Laudate Eum)[7]"는 글씨도 발견하고 힘을 얻습니다. 그때 어디선가 코 고는 소리가 들립니다, '이런 순간에도 저렇게 태평하게 코 골며 잘 자는 사람이 있구나.'라고 생각하며, 그 코 고는 사람을 살짝 경멸합니다.

이렇게 로드리고는 최소한 오늘 밤 배교하지는 않으리라는 자신하지만, 밖으로 끌려 나온 로드리고는 뜻밖의 장면을 봅니다. 코골이 소리는, 거꾸로 매달려 한 방울씩, 한 방울씩 피를 흘리는 이들이 생명이 끊어져가는 소리였습니다! 이제 그는 선택해야 합니다. 자신이 예수의 얼굴을 그린 성화판을 밟지 않는다면 그는 물론, 그의 교인들까지 죽어야 합니다.

---

7 문자적으로는, "그분을 찬양하라"

제4장 다시 살리시리라 · 159

그런데 거기에 스승 페레이라 신부가 서 있었습니다. 감옥에서 위안을 주었던, 'Laudate Eum'이라는 글도 바로 그가 새겨놓은 것이었습니다. 로드리고는 마음이 심하게 흔들립니다. 짧은 순간 깊은 갈등 속에, 자신의 발 앞에는 예수님의 얼굴이 그려진 성화판이 놓입니다. 힘들고 어려울 때마다 그토록 마음속으로 그려보던 주님의 얼굴입니다.

신부는 두 손으로 성화를 들어 올려 얼굴에 갖다 댔다. 수많은 사람들의 발에 짓밟힌 그 얼굴에 자기 얼굴을 대고 싶었다. 목판 속 그분은 수많은 사람들에게 짓밟힌 까닭에 마멸되고 오그라든 채 신부를 슬픈 눈으로 바라보고 있었다. 그 눈에서 한 방울의 눈물이 흘러내릴 것만 같았다. …목판 속 그분은 신부를 향해 말했다. 밟아도 좋다. 나는 너희들에게 밟히기 위해 이 세상에 태어나, 너희들의 아픔을 나누어 갖기 위해 십자가를 짊어졌다.

나 자신만 신앙을 지키겠다고, 저 사람들의 죽음은 외면해도 되는가? 하나님은 왜 이런 간절한 기도를 외면하시는가? 로드리고는 예수님의 형상에 자기의 발을 올려놓습니다. 하나님이 왜 침묵하시는가, 그리고 고통과 배교의 문제는 20세기 들어와서도 2차 세계 대전이나, 일제 치하, 6·25 때에도 다양하게 변주되었지만, 성도들이 겪은 문제였습니다. 로드리고는 결국 배교하여 신부의 신분도 잃게 되지만, 나중에 또 다가와 고해성사를 요청하는 기치지로에서 성사를 받아주는 것으로 소설은 끝이 납니다.

사람에게 가장 큰 고통이 무엇일까요? 아파본 사람이라면, 결코 육신의 고통을 무시할 수 없습니다. 하지만 그에 못지않게, 어쩌면 더 큰 고통은 인간관계에서 오는 아픔입니다. 나의 순교라면 혹시 몰라도, 사랑하는 성도들, 가족들의 고초를 옆에서 보는 마음이 얼마나 어렵겠습니까? 아마도 그 고통에 이어서, '하나님은 왜 기도를 들어주지 않으시는가? 과연 그분은 어디 계신가?'하는 신정론(神正論, theodicy)[8]에 따른 의문이 생깁니다. 자신이 배교하지 않으면, 많은 신도가 죽게 되는 상황에서 페레이라나, 로드리고도 같은 질문을 했습니다.

육체나 정신으로 '통증'이 느껴지지는 않는다 할지라도, 허무, 무의미로 인한 괴로움을 빼놓을 수 없습니다. 그토록 애를 써서 선교했는데, 일본인들이 받아들인 것

---

8 신이 선하시다면, 왜 이 땅에 악이 존재하는가하는 모순적인 문제를 설명하려는 이론.

은 본래의 하나님이 아니라, 그들 나름대로 해석한 우상과도 같은 신이었다면, 그를 위해 쏟은 땀과 피는 얼마나 허무한 것입니까. 많은 목회자가 탈진하는 이유도 비슷하겠죠. 조심스레 질문하지만, 또 우리 한국 교회에서 지금 섬기는 예수님은 어떤 분이실까요?

아, 참 어렵습니다. 천주교 신자가 아니기에, 성상이나 그림에 큰 의미를 부여할 필요는 없습니다. 만약 그것을 주변에서 배교의 행위라고 생각한다면 어떻게 행동해야 할까요? "내가 말한 양심은 너희의 것이 아니요 남의 것이니"라는 고전 10:29의 말씀이 생각납니다. 쉽게 결론은 나지 않습니다. 더구나 나의 행동에 따라 많은 이들의 목숨이 왔다 갔다 하는 상황이라면요?

엔도 슈사쿠는 침묵을 비롯하여 그의 작품에서 죄를 지은 연약한 이들, 실수하고 넘어지지만 그래도 주님을 사랑하는 마음은 있는 이들을 향한 예수님의 사랑을 잘 표현하고 있습니다. 사실 그가 그린 예수님의 상은 교리적으로나, 성경적으로 보자면 수정될 부분이 없지 않습니다만, 예수님의 신성을 부인하는 이단은 적대시해도, 예수님은 인간의 몸으로 오셔서 우리와 같이 시험을 다 겪으셨기에 우리를 긍휼히 여기신다는 부분을 간과하게 되는 잘못된 신앙은 경계하지 못하는 이들에게 시사하는 바가 큽니다.

『침묵』을 읽으며 더더욱 마음을 힘들게 하는 질문이 떠오릅니다. 나는 무엇이기에 이토록 편하게 신앙생활 하도록 하시고, 어떤 이들은 목숨 걸지 않으면, 가족까지 내놓지 않으면 주님을 믿을 수 없는 그런 시대와 상황에 거하도록 하시는 걸까요? 그리고 한국 역사를 볼 때, 정말 예수님을 사랑하는 이들이라면 신사참배 등 배교한 후에라도 속으로 죄송스런 마음을 평생 품지 않을 수 없을 것 같은데, 왜 변명하고 더 기득권을 꽉 붙잡으려 할까요? 나라면, 나라면 정말 어떻게 했을지 마음이 무거울 뿐입니다.

분명한 것은 우리 한국 교회가 400년 전처럼 박해를 피해 도움을 청하는 이웃이 있다면 외면하지 말았으면 하는 것과, 지금도 에도시대의 일본 이상으로 고초를 겪고 있는 북한의 우리 형제자매들과 하나 되어 기쁨으로 예배드릴 날이 속히 왔으면 하는 마음과 기도뿐입니다.

추천 번역

『침묵』의 우리말 번역으로는 공 문혜 역의 홍성사 판과 김 윤성 역의 바오로딸 판이 있습니다. 두 번역 모두 읽기에 문제없이 무난합니다. 하지만 아무래도 용어나 번역투가 바오로딸에서 나온 것은 천주교 분위기가 많이 느껴집니다.

함께 읽으면 좋은 책

1. 김 훈, 『黑山』(학고재, 2011)

18세기 말에서 19세기 추 천주교 박해를 다룬 김훈의 장편소설. 이 역시 순수한 역사 기록이 아니라 소설이지만, 그 시대 백성들이 겪어야 했던 삶의 모습을 보여줍니다. 흑산도에 귀양을 간 정 약전('자산어보'를 쓴 정 약용의 큰 형)과 황 사영을 중심으로 천주교 신자가 받는 박해를 배경으로 하고 있습니다.

2. 김 은국, 『순교자』(문학동네, 2012)

순교자는 6·25를 배경으로 하는 소설이고, 『침묵』과 『흑산』이 천주교 박해를 다루고 있지만, 개신교 교회를 중심으로 한다는 점이 다릅니다. 내용과 의미를 살펴보았을 때, 한글 제목 순교자보다는 헬라어로 증인이라는 의미를 담고 있는 "Martyr"의 이중적인 의미가 더 적절해 보입니다. 원래 영어로 쓰인 작품으로 발표 당시 전 세계적으로 큰 반향을 일으킨 작품입니다. 앞에서 자세히 다뤘습니다.

3. 임 종석, 『엔도 슈사쿠가 빚어 만든 신』(충남대학
    교 출판부, 2008)

성경이 말하고 있는 예수 상과 일치하지 않는 엔도
슈사쿠의 예수, 하나님의 상에 대해서 비교하고 살펴볼
수 있는 책입니다. 엔도 슈사쿠의 신과 예수는 겉으로는
성경과 현저하게 달라도 본질에서는 놀랍도록 성경적이
라고 주장합니다.

하느레 계신 주니미시여,
이 부쌍한 영혼 거두소서,
부쌍한 어무이 구해 주소서

－ 김 동리, 『을화』

　　신앙적인 고민이 담겨있는 글들을 살펴보면 서구문
화권과 우리나라가 차이를 느낄 수 있습니다. 서구 문화
권에서는 신은 과연 계신가, 인간의 진정한 구원은 무엇
인가, 그리고 기록된 성경 말씀, 특히 복음서의 가르침과
는 달리 타락한 종교 지도자들의 문제를 많이 다룹니다.
문학책에서 어떤 신학책 못지 않은 깊은 사유를 발견하
게 되는 경우도 많죠. 하지만 한국 문학에 나타난 모습은
조금 다른 것 같습니다. 일반화 할 수는 없어도, 교회의
역사가 서구보다는 짧으므로 조금 다른 양상입니다. 서
구 사회는 기독교 문화가 지배적이기 때문에, 기독교 신
앙은 전제로 하고, 과연 그것이 본래의 가르침에서 벗어
나지 않았나 생각하게 한다면, 우리나라는 기독교가 국
교도 아니고, 특별히 지배적인 교세의 종교가 없이 여럿
이 혼재되어 있습니다. 그래서 문학작품에도 이런 다종

교 상황에서 오는 갈등의 문제를 다룬 경우가 많은 것 같습니다. 기독교인의 처지에서 본다면 한국 문학에서는 우리의 이야기를 만날 수 있고, 또 지금 속한 곳에서 어떻게 신앙인다운 삶을 살 수 있을까 더욱 직접적인 실천적인 도전을 만나게 됩니다.

이번에는 한국 문학 중에서 김 동리의 『을화』를 살펴보고자 합니다. '을화(乙火)'는 주인공, 옥선의 무명(巫名)입니다. 무속이라고 하면, 가슴에 맺혀있는 '한(恨)'이라는 단어가 떠오르지 않습니까? 작품에 등장하는 을화도 한이 많은 여인입니다. 그녀에게는 두 아이가 있습니다. 하나는 아들 영술이고 하나는 딸 월희입니다. 하지만 정상적인 결혼 생활을 통해 얻은 아이들은 아니지요. 열여섯 살 어린 나이로 맛있는 고추장을 얻어먹으러 다니다가, 동네 더벅머리 총각 성출과의 사이에서 생긴 아들이 영술입니다. 그 때문에 다른 동네로 쫓겨나 어느 나이 많은 사람의 후실로 들어가게 되지만, 다시 기구한 운명(?)은 계속되어 남편도 잃고, 어머니도 여의게 된 옥선은 신 내림을 받고 '을화' 무당이 됩니다. 그리고 월희는 무당이 되어 굿을 할 때 함께 따라다니던 박수와의 사이에서 태어납니다. 어떤 어머니가 자식들을 끔찍이 사랑하지 않겠습니까만, 을화 역시 그랬습니다. 이 아이들이 자라나고,

또 박수 성방돌과 살림을 살면서 을화는 행복을 맛보기
도 합니다. 아들은 영특하고, 딸은 예쁘고 남편 노릇 하
는 성방돌과도 사이가 좋고요. 을화는 아들 영술이 어머
니가 무당이라는 사실 때문에 차별을 받지 않도록, '기림
사'라는 절에 보내 공부를 시킵니다.

> 영술을 절에 보내고 난 뒤의 이삼 년 동안이 을화의 일
> 생에 있어 가장 행복했던 시기였는지 몰랐다. 남편의 사
> 랑은 살림에서, 굿에서, 잠자리에서 빈틈없이 극진했고,
> 굿은 날마다 인기와 상찬이 치솟았고, 월희는 옥으로 깎
> 은 듯, 달의 혼을 빚은 듯 맑고 어여쁘게 자라났고, 보고
> 만나는 것이 모두가 기쁘고 즐거운 일들뿐인 듯했다.
>
> – 을화무 中

그런데 영술은 을화의 기대와는 달리 절에서 계속 공
부하지 않습니다. 절에서 일어나는 승려들의 부정을 보고
실망하였기 때문이죠. 영술은 도리어 선교사의 인도로 기
독교 신앙을 가지게 되고, 그가 무당 어머니와 아버지 다
른 여동생, 월희를 전도할 마음을 가지고 집으로 돌아옵
니다. 특별히 자기가 예수를 믿게 되었다고 먼저 고백한
것은 아니지만, 을화가 아들이 식사기도하는 모습을 보

고 그가 예수교 신자가 된 것을 알게 됩니다.

무당인 어머니와 전도하려는 아들 영술의 갈등이 이 작품의 주된 뼈대라고 하겠습니다. 이 대립하는 갈등 관계에서 월희를 사이에 두고, 기독교 신앙과 무속의 첨예한 대결을 보입니다. 과연 월희가 예수교 예배를 좋아할 것인가, 아니면 어머니의 굿판을 좋아할 것인가도 대결의 1회전이요, 또 말 못하는 월희를 낫게 할 수 있을지가 또 다른 대결의 장이 됩니다. 어느 순간부터인가 월희는 혀가 굳어 말하지 못하게 되었기에, 그녀는 을화의 또 다른 '한(恨)'이었습니다. 그리고 영술을 예수교와 그 아버지, 성출의 집에 빼앗긴 듯이 느낀 뒤에는 마지막 남은 희망과 같은 요소가 되기도 하죠. 소설 가운데서도 월희는 다른 장애가 아니라 말을 못하기 때문에 어떤 비밀을 간직한 듯이 느껴지고, 그림을 그린다는 점과 뛰어난 미모를 가졌다는 사실도 신비감을 더합니다. 이런 월희를 고쳐보려는 시도에서 영술은 마태복음 9:32-33 말씀을 가지고 월희와 을화에게 이야기하고 또 어느 정도 혀가 풀립니다. 하지만 여기에서 을화는 만약 다른 방법을 통했더라면 더 차도가 있었으리라 억지를 부리죠. 교회의 예배에 완전히 마음을 주고, 치유의 역사가 일어난 것은 아니지만, 어쨌든 월희가 예수교 쪽으로 기우는 듯한 모습이 보이자, 을화는 "예수 귀신, 불귀신"을 쫓아내기 위해 실성한 상태에서 계속 푸닥거리를 합니다. 거의 발작과 같은 신들린 모습으로 말입니다.

사실 왜 이렇게 예수교를 거부하는가, 이유가 있습니다. 을화에게는 예수교가 자식을 빼앗아가고, 또 책임져주지 않는 옛 사랑, '성출'과 동일시되고 있기 때문입니다. 영술은 어머니와 여동생을 전도하기 위해 집을 찾는 과정에서 마을에 있는 교회를 찾게 되고, 거기에서 교회의 지도자 박 장로를 만납니다. 그에게 여러모로 지도를 받는 과정 가운데, 자신의 친부 성출 가족이 그 교회에 다니는 것을 알게 되고 그 댁에는 대를 이을 만한 자식도 없던 터라 아버지 댁으로 들어가기로 하죠. 주변의 사람들을 비롯한 영술에게도 얼마나 다행한 일입니까? 하지만 을화에게는 예수교 때문에 자신의 희망이었던 영술을 빼앗기게 되는 셈이죠.

자세히 살펴보면, 이런 갈등 상황은 기독교 대 무속의 간단한 구도가 아니라 조금 복잡합니다. 김 동리의 『을화』에는 우리나라의 주요 종교들인 기독교, 불교, 유교, 무속 신앙이 모두 등장하는데, 기독교인의 입장에서, '을화'에 대하여 주목할 필요가 있는 것도 그 때문입니다. 먼저 불교는 조금 중심에서 빗겨나 무력한 모습으로 묘사

됩니다. 영술은 불교 승려들의 모습에 실망하여 기림사를 나오게 되고, 또 작품 중에서 박 장로와 그의 스승 최감의 대화를 통해서도 미신 타파에는 별로 도움이 안 되는 것으로 나오죠. 유교도 마찬가지로 미신에 관하여 무력한 모습을 보이고요.

> 자네와 나는 본래부터 공자님교가 아닌가? 조상 때부터 내려오는 가풍도 그렇고 또 그것이 원도(原道)란 말일세. 그런데 불교나 예수교로 개종을 한다는 건 좋지 않네. 허나 자네가 미신 타파를 목적으로 한다면 불교보다는 예수교가 나을 걸세. 왜 그런고 하면, 불교는 잡신을 배제하지 않는 반면에 예수교는 잡신을 절대로 배제한다고 듣고 있으니까.
>   – 굿과 예배 中

이 책의 표현대로 예수교 신자들이 아닌 경우, 미신이나 무속에 대해서 민족 고유의 문화로 생각하고 긍정적으로 보려는 경향이 많습니다. 어쩌면 이 을화에서도 작가는 가능하면 무당과 무속을 좋게 표현하고요. 하지만 왜 미신과 무속이 무서운지, 작품을 통해서도 알 수 있습니다. 박 장로가 집안의 유교를 버리고, 예수님을 믿게 된 이유가 있습니다. 마을에서 어린 아이의 실종 사건이 있었는데, 알고 보니 태주 할미가 점 치는 영험을 얻기 위해 끔찍한 방법으로 살해한 것입니다. 이 소식을 듣고 충격을 받아 며칠 몸져누웠다가 박 장로가 미신타파를 위해 예수교를 선택한 것입니다.

태주 할미뿐인가요? 영술도 자기 어머니의 손에 죽게 됩니다. 을화의 표현대로라면 "예수 귀신, 불귀신"을 쫓아내기 위해 영술의 성경책을 태워버립니다. 그 사실을 알고 영술이 채 다 타지 않은 성경책을 꺼내려는데, 을화는 실성한 상태에서 굿을 하다가 영술을 칼로 찌르게 됩니다. 그녀는 정신을 차리고 예수교가 아들을 앗아갔다고 말하며, 아들을 간호하지만 결국 영술은 을화에게 하늘 나라에서 꼭 다시 만나자고 말하고, "하느레 계신 주니미시여, 이 부쌍한 영혼 거두소서, 부쌍한 어무이 구해 주소서"라는 기도를 마지막으로 숨을 거두게 됩니다.

미신과 우상숭배가 무서운 까닭은 가장 사랑하는 자녀, 아이들까지 죽음으로 몰아간다는 데 있습니다. 영험을 위해서 어린아이를 죽이고, 남자들에 대한 증오와 상실감이라고는 하나, 주인공은 결국 아들까지 죽이게 되었으니까요. 이는 우리나라 샤머니즘만의 특징이 아닌 것 같습니다. 레위기에도 "너는 결단코 자녀를 몰렉에게 주어 불로 통과하게 함으로 네 하나님의 이름을 욕되게 하지 말라. 나는 여호와이니라."(레 18:21)라는 말씀이 있지 않습니까? 그런데 다시 한 번 반문하게 됩니다.

이러한 미신들을 '타파(打破)'하는데 과연 지금 우리의 신앙은 어느 정도 힘을 발휘하고 있을까요? 먼저 작품을 통해 비치는 우리 기독교인들의 연약한 부분도 돌아보아야겠습니다. 언제나 진정 가슴을 치는 회개 없이, 스스로 용서해버리고 망각하는 기독교인들의 모습은 복음을 받아들일 이들의 마음의 문을 닫히게 합니다. 소설 중에서 아들인 영술을 찾고 집에 들이게 된 성출의 집에서는 잔치를 벌이는데요. 거기에서 찬송가 267(통일 201)장 "주의 확실한 약속의 말씀 듣고"를 부르는 장면이 나옵니다. 시어머니가 부르자, 며느리도 어깨를 들썩이며 시어머니의 찬송을 거듭니다. 찬송가 가사에는 '할렐루야, 할렐루야'와 '내 죄 씻었네'라는 표현이 반복되죠.

「아주머이요, 지금 한실댁이 노래 부르는 거 들었지요? 예수를 믿은 덕으로 아들 찾아 바치고 인저 아들 못 논 죄 씻었다고 하지요? 내 죄 씻었네 안 하덩기요?」하고 물었다.
대추밭 할머니는 고개를 끄덕이며, 「그게 참 듣고 보니 그런 뜻인가베」 맞장구를 쳤다. 이 두 아주머니의 대화는 이내 다른 아주머니들에게도 그대로 옮겨져 나갔다. 「한실댁이 아들 못 낳은 죄를 인제 다 씻었다 하제?」 그녀들은 모두 이렇게 중얼거리며 서로 고개를 끄덕였다.

예, 자녀를 새로 주신 하나님께 기쁘게 찬송 드리는 것은 당연한 일입니다, 그런데 아들 못 낳은 죄라는 말을 어떻게 받아들여야 할까요? 그런 말은 유교나 미신과 크게 달라 보이지 않습니다. 그저 자기의 바람만 채워주는 무속에 물든 신앙은 아닐지 생각하게 됩니다. 자신들이 또 아들을 찾은 기쁨에는 아들을 잃어버린 듯 상실감을 느낀 '을화'에 대한 책임감이 어느 정도 더해져야 하지 않을까 생각됩니다. 김 동리의 단편 "무녀도"에는 무속신앙과 크게 다를 바 없는 기독교의 모습이 묘사되어 있기도 합니다. 무당도 질병을 고치기 위해 굿판을 벌이고, 마을로 들어와 들불처럼 번지던 예수교도 서울에서 부흥 목사가 내려와 대단한 치유집회를 여는 것을 묘사하고 있습니다.

소설 『무녀도』, 『을화』에서 그리고 있는 한국은 거의 8~90년 전이요, 지역도 서울과 같은 대도시도 아니고 당시로서는 시골이라고 할 수 있는 경주 근교입니다. 그때 기독교 신앙이 대결해야 되었던 것이 미신과 무당, 무속신앙이었다고 한다면, 지금 우리의 신앙은 무엇을 극복해야 신앙의 본질을 찾을 수 있을까요? 겉으로 보기에, 마을의 고민과 영적인 문제들을 해결(?)해주는 무당의 역할은 지금 사라진 듯이 보일지 모릅니다. 하지만 우리 인간들의 욕심은 미신에서 세속주의, 물질주의의 모습으로 그 표면을 달리했을 뿐, 똑같은 우상숭배의 굿판을 지금도 벌이고 있습니다. 어쩌면 세상과 구별되어야 할 교회 안에서도요.

저자가 주고자 했던 메시지는 아닐지 몰라도, 실제 삶 가운데서 기독교인들이 어떻게 살아야 할 것인가에 대한 답도 김동리의 소설 가운데 찾을 수 있습니다. 바로 죽어가면서도 불쌍한 어머니 구해달라는 마지막 기도를 드리는 영술이와 같은 순교자의 신앙입니다. 많은 문학 평론가들이 결국 살아남은 것은 을화였으니, 기독교 신앙과 무속과의 대결에서 무속이 승리한 셈이라 논합니다. 하지만 부활의 주를 믿는 신앙은 죽어도 사는 신앙이요, 죽음으로써 생명을 얻는 십자가의 신앙입니다. 을화는 실제 있었던 이야기가 아니라, 소설이기에 월희는 자기 아버지 따라 가고, 을화도 떠나가는 것으로 마치지만, 저는 영술의 기도가 결코 헛되지 않았으리라 믿습니다.

지금 우리의 예배당에서는 어떤 찬송소리가 들립니까? 또 무슨 내용이 기도를 하나님께 올립니까? 우리가 교회에서 드리는 기도는 서낭당 앞에서 정화수 떠놓고 드리는 기도와는 달랐으면 참 좋겠습니다.

추천 도서

김 동리는 한국의 작가이기에 추천할 만한 번역이랄 것은 없습니다. 1995년도에는 민음사에서 전집이 나왔고, 탄생 100주년인 올해에는 계간문예에서 김 동리 기념사업회에서 김 동리 문학 전집을 엮었습니다. 이 전집에는 이해를 돕는 해설도 포함되어 있어 독서를 돕습니다.

함께 읽을 책

그리고 『을화』를 이해하기 위해서 함께 읽으면 좋은 저자의 단편이 있습니다. 『무녀도』와 『사반의 십자가』입니다. 무녀도의 경우 개작 이전의 작품과 개작 이후의 작품이 조금 차이가 있는데, 지금 구할 수 있는 『무녀도』는 대부분 개작된 것입니다.

1. KBS TV문학관 『을화(乙火)』 장 미희, 백 윤식 주연.

한 30년 이상 된 작품이지만, TV문학관 시리즈가 한국 문학을 정성껏 만든 수작(秀作)들이라 아직도 영상을 구할 수 있습니다.

5. 무인도에 간다면

『파리 대왕』

『로빈슨크루소』

어린 시절 필요한 물품을 챙겨서 무인도로 가는 공상을 많이 했습니다. 뭔가 복잡한 일이 많았을 때 여러분도 상상해보셨나요? 하지만 혼자 있을 때는 즐겁고 유쾌한 일만 일어나지는 않습니다. 깊은 외로움 속에 깨달음을 얻기도 하지만, 솟아오르는 욕망을 다스릴 수 없는 일도 생기지요. 실제로 떠나기 어렵다면 다른 이들의 이야기를 들어봅시다.

오셔서 우릴 구해주실거야.

- 윌리엄 골딩, 『파리대왕』

말씀을 준비할 때면, 적절한 예화를 찾기 위해 고심할 때가 많습니다. 몇 해 전 사람들이 저지른 끔찍한 범죄들을 찾아 스크랩하고 정리한 적이 있었습니다. 인간의 본성에 관하여 설명하기 위한 구체적인 예화를 준비하기 위해서였죠. 그런데 곧 자료 모으기를 포기했습니다. 언제든지 아무 신문을 펼쳐도 다양하고 새로운 범죄의 이야기가 가득한데, 무엇하러 기사를 모아놓겠습니까. 우리 주변에는 늘 새롭고(?) 더 끔찍한 범죄들이 끊이지 않습니다. 이렇게 인간 세상 어디에나 죄가 넘쳐흐르는 것을 보아도, 우리의 본성이 분명히 이기적이고 악함을 부인할 수 없습니다.

그런데 모든 인간 원죄를 가지고 있다는 생각은 너무 가혹하게 느껴지는 법입니다. 그래서인지 우리는 다음 세대에서 희망을 찾으려고 하죠. 어린이들에 대하여 이야기 할 때는 늘 때 묻지 않은 동심, 천사와 같다는 표현을 자주 쓰지 않습니까? 그리고 청소년이나 어린이들이 나오는 모험 소설에서는 어른들의 무질서를 닮지 않고 온갖 역경을 이겨내고 갈등도 극복하며, 무사히 집으로 돌아가는 행복한 결말로 끝나는 글들이 대부분입니다. 지금 기성세대는 문제가 복잡하고 죄가 가득하지만, 너희들은 그것을 다 이겨 내거라 하는 바람이 담기지 않았나 생각됩니다.

그러나 어린 아이들이라고 해서 티 없이 맑고 깨끗하기만 할까요? 드러나는 모양이 다를 뿐, 폭력과 따돌림, 그리고 차별까지 다 나타납니다. 그 사실을 가장 잘 아는 분들은 유치원이나 학교 선생님들이실 겁니다. 윌리엄 골딩의 『파리대왕』은 이전의 모험소설들과는 다르게 소년들 심성 가운데 자리 잡은 폭력성과 무질서를 잘 보여줍니다. 아마도 작가 자신이 오랜 교직 생활을 통해 소년들의 내면에도 인간 본성의 결함, 신앙적으로 말하자면 원죄가 있음을 분명히 보았기 때문에 이런 작품이 탄생할 수 있었지 않나 생각됩니다.

『파리대왕』은 핵 공격을 받게 된 영국을 탈출한 인원 미상의 초등학교 소년들이 피난길에 오른다는 설정으로 시작합니다. 나이로 6~12세 또래의 영국 소년들이 후송

비행기가 습격을 받고 추락하기 직전 안전장치의 발사로 부상 없이 무인도에 도착합니다. 당연히(?) 어른은 없습니다. 이제 이들은 어떻게 살아가야 할까요? 자기들끼리 지도자를 선출하고, 그 대장의 명령을 따라 구조될 때까지 지내려고 합니다. 처음에 질서를 잡아갈 때에는 순조롭게 잘 진행되었습니다. 소설 속 표현처럼 영국인의 자부심을 잘 지켰다고 할까요. 회의를 소집하거나 발언할 때에는 소라껍데기를 이용하죠. 소라 없이는 공식적인 발언권을 가질 수 없습니다. 하지만 이러한 질서는 얼마가지 못합니다. 마치 나라와 나라 이익의 충돌이 전쟁을 일으키듯이, 아이들이 모여있는 그 섬 안에서도 똑같이 인간 사회의 문제들이 고스란히 드러나게 되는 것입니다.

『파리대왕』을 이해할 때 먼저 알아야 할 것은 이 작품이 우의적(寓意的, allegorical)이라는 점입니다. 무인도 소년들의 작은 공동체는 전체 인류 사회, 구체적으로는 영국 사회를 나타냅니다. 그리고 각 개개인은 과거의 작품들처럼 전형적이지는 않아도, 이성의 법치주의, 인간의 감정과 본능을 상징하죠. 이러한 면에서 윌리엄 골딩은 "천로역정"의 영향을 많이 받았습니다. 하지만 『파리대왕』의 인물들은 전형적인 화신(化身)이 아니라 현실적이고 실제적입니다. 존 번연의 글에서는 크리스천을 상징하는 인물은 "크리스천"이라는 이름을 가지고, 순례자로서의 삶을 살아냅니다. 하지만 『파리대왕』의 알레고리는 그렇게 전형적이지 않고 우리 주변에서 있을 법한 개성을 가진 인물들로, 그 작품 가운데에서 다양한 변주가 이뤄집니다.

『파리대왕』의 이해를 위해서 대립이 되는 두 주요 등장인물에 주목해 봅시다. 지도자격인 '랄프'와 과거 성가대의 리더였던 '잭'입니다. 랄프는 이성과 법 제도를, 그리고 잭은 인간의 감정과 욕망을 상징하는데, 둘 다 완벽하지는 않습니다. 랄프는 공적인 결정과 투표를 내세웁니다. 그래서 소라 껍질을 잡으면 키가 작은 꼬마들도 동등하게 발언할 수 있도록 하는 등, 현대의 제도화된 민주주의를 나타냅니다. 하지만 또한 그 한계를 드러내기도 합니다. 또한, 다른 아이들과 똑같이 몸이 둔한 아이를 "새끼 돼지"라는 듣기 싫어하는 표현으로 놀리고 산꼭대기에서 아이들이, 두려워하는 정체불명의 짐승(?)을 만났을 때 똑같이 겁에 질려 내려오는 인물이기도 하죠. 이런 부분은 제도적으로는 어느 정도 체계가 갖춰졌지만, 약자에 대한 보호나 이해가 부족하고, 인간의 근본적인 심성이나 공포의 문제는 해결해 주지 못하는 이성, 민주주의를 현실적으로 나타낸다고 볼 수 있겠습니다. 이 작품이 쓰여진 1950년대, 2차 세계대전 이후 인간 본성과 사

회제도에 대하여 절망감을 느끼고, 그 끔찍한 전쟁 뒤에
도 또 다시 냉전 시대가 열린 당 시대를 바라보는 저자의
시각이 반영되었다고 하겠습니다.

랄프와 대립하는 인물은 잭입니다. 잭은 여러 가지
로 랄프에 맞설 수 있는 유일한 인물이라 할 수 있습니다.
랄프가 자신이 지도자로 '선출'되었고, 소라를 잡은 사람
만이 발언권을 가지고 있으며, 또 구조를 위해서는 산꼭
대기에 불을 꺼뜨리지 않아야 된다는 '당위'의 특징을 가
지는 인물이라면, 잭은 패거리 지어 놀이와 사냥을 즐기
고, 또 사냥의 결과 고기를 얻습니다. 그 고기가 또 다른
권력이 되어 랄프의 권위와 맞설 수 있게 됩니다. 즉 잭
은 즐거운 대로, 배부른 대로, 욕망이 이끄는 대로 살아
가는 인간의 상징입니다. 갈수록 잭과 그 패거리들은 얼
굴에 흙칠을 하고, 광란의 춤을 추는 원시적인 야만의 모
습을 보입니다. 원시적이라고 하지만 세월이 흘러도 바
뀌지 않는 인간의 욕망이나 그것을 제어하지 못하고 광
란의 우상숭배로 전락해버린 종교를 상징한다고 하겠습
니다. 잭은 성가대원들을 자기의 세력화하여 랄프와 여
러 가지로 대립하지만, 랄프와 잭 어느 누구도 이 소년들
의 공동체 가운데 완전한 희망을 주지 못한다는 점은 시
사하는 바가 큽니다. 다른 모험 소설들이 다음 세대인 소

년들이 위기를 극복하는 모습을 통해서 희망을 찾으려고 한다면,『파리대왕』은 결국 바뀌지 않는 인간 본성의 절망을 보여줍니다. 서로 만장일치로 법과 규칙을 세운다고 질서가 유지되지도 않고, 그렇다고 각자가 본능대로 살면 사회는 걷잡을 수 없이 무너집니다. 하다못해 소설에 "꼬마"라는 표현으로 나오는 더 어린아이들 조차도 그저 키에 따라, 가진 힘에 따라 우열을 정할 뿐이고, 별것 아닌 공포에도 울음을 터뜨리고, 또 안절부절하지 못하는 소년들의 모습은 우리 사회의 단면이기도 합니다.

이러한 인간의 문제를 어떻게 해결될 수 있을까요? 답은 무인도 안에, 소년들 가운데 있지 않습니다. 구조나 구원을 위해서는 밖에서 누군가 와야 합니다. 소년들의 노력으로 소년들이 구조되지 않고, 인간의 노력으로 인간이 구원받을 수 없습니다. 그래서 바깥 세계와 소통의 수단인 "불"을 산꼭대기에서 꺼뜨려서는 안 됩니다. 연기가 그치지 않고 올라가야 구조선이 자신들을 구하러 올 수 있으니까요.

구원을 기다리는 삶을 살 것이냐, 아니면 당장 멧돼지를 좇아 순간의 만족을 위하는 삶을 살 것이냐는 이 소설에 나타난 랄프와 잭의 갈등이요, 우리 삶의 고민입니다. 소년들이 도착한 섬이 파라다이스가 아닌 것은 분명합니다. 이들에게는 시간이 흐를수록 정체를 알 수 없는 '공포'가 점점 커지며, 소설의 전체적인 분위기를 긴장감 있으면서 음산하게 이끌어 가고 있습니다. 처음에는 큰 뱀이라고 생각하기도 하고, 또 나중에는 몸이 부풀어 오르는 대상이 되어 이 소년들을 두렵게 하는데, 실체가 드러난 적은 없습니다. 아무리 이성을 상징하는 랄프라고 할지라도 산꼭대기에 정체불명의 흔적을 만났을 때는 혼비백산하여 달아납니다.

두려움은 또 다른 두려움을 낳게 되어 점점 공포는 커지게 되는 법이죠. 섬에 알 수 없는 존재가 살고 있다는 생각은 결국 소년들 사이의 갈등을 점점 고조시킵니다. 공식적인 지도자인 랄프도 이 문제를 해결하지 못하고, 또 그 때문에 잭 일당에게 겁쟁이라는 공격을 받기도 합니다. 결국 혼자 남아 사색하기를 좋아했던 사이먼이 무서운 짐승이 멧돼지 사체와 해골의 머리 부분을 막대기에 꽂아놓은 것임을 알게 되지만, 사이먼은 그 앞에서 코피가 터져 죽습니다. 잭 일당이 그를 죽였다는 소문이 퍼지고, 랄프 진영은 더욱 곤경에 처하게 되고, 소년들 사이에서는 폭력이 더욱 심해집니다.

법질서라는 것이 인간의 욕망 앞에서 무기력함을 보여주는 인물이 랄프라고 한다면, 늘 "새끼 돼지"라고 놀림을 받는 소년도 주목할 만합니다. 이 인물은 그렇게 인류가 자랑하는 과학이나 문명도 별 쓸데없음을 보여줍니다. 이 "새끼 돼지"는 뚱뚱한 데다가, 천식을 앓고 있고 눈이 나빠 안경을 쓰고 있습니다. 이 안경은 다른 도구가 없는 섬에서 '불'을 만드는데 요긴한 도구로 사용됩니다. 하지만 소년들은 그 사실을 고마워하지는 않고 안경이 없으면 눈이 보이지 않아 더 우스꽝스러운 행동을 할수밖에 없는 이 "새끼돼지"를 비웃고 놀릴 뿐입니다. 이 섬이 낙원이라면, 약할수록 배려하고 어려움 없이 살아가야 하지만, 놀림과 괴롭힘이 있을 뿐이죠. 결국은 랄프와 잭, 두 진영이 다툼을 벌이게 될 때 이 소년은 실족하여 목숨을 잃습니다.

사람을 죽게 만든 소년들의 갈등은 구조선이 도착하고 나서야 해소됩니다. 산정(山頂)의 불을 보고 결국 소년들을 구조하기 위한 배가 도착합니다. 그런데 소년들 사이에 있었던 일들을 전해 들은 어른은 소년들이 "영국인답게 행동하지 못했다"고 평가합니다. 아마도 이 소년들이 더 자라 영국인다운 훈련과 교육을 받았다면, 섬 안에서도 질서를 잘 유지했을 것이라는 말이겠죠. 그런데 우리는 인간의 문제가 교육과 훈련이 아님을 잘 알고 있습니다. 영국 역시 2차 세계대전에서 총을 쏴대던 전쟁 당사자였습니다. 영국인이나 독일인이나, 아니면 한국인이나 죄성을 가지고 욕심에 따라 행동하는 인간임에는 차이가 없을 것입니다.

인류의 역사를 보면 반복되는 패턴이 있습니다. 과학과 문명이 발달하면 사람들은 스스로 자부심을 가지고 인간 본성에 대하여 긍정적인 시각을 가집니다. 하지만 얼마 오래지 않아 대량 학살과 전쟁이 일어나, 인류는 자신에게 절망하게 되고 또 그 바탕 위에 다시 여러 문명을 발달시킵니다. 그리고 또다시 문명의 근간을 흔들 정도의 광기가 인류를 사로잡는 패턴이 반복되죠. 그렇기 때문에, 수천 년 인류의 역사를 보더라도 인간이 결국 '유토피아'을 건설하리라 소망하기는 어려운 것 같습니다. 사람들에게 유토피아는 결국 어디에도 있지 않은 환상의 장소일 뿐이죠('유토피아'는 '어디에도 없는 곳'이란 뜻입니다). 도리어 인간의 본성은 악하고, 그 안에서는 희망이 없으며 바깥에서 구원자가 오시지 않으면 안 된다는 성경의 메시지가 더 가슴에 와 닿습니다.

이 책의 제목인 『파리대왕』은 소설 상의 내용으로 파리가 윙윙거리며 몰려있는 멧돼지의 사체에서 나온 것입니다. 하지만 저자는 성경의 "바알세붑(Baal zebub)[1]"을 염두에 두고 있는 것 같습니다. 바알세불을 약간 조롱하듯이 살짝 비튼 것이 '바알세붑'이라고 할 수 있는데, 인간의 욕망과 죄의 결과를 참 잘 표현했다고 느껴집니다. 파리가 몰리는 곳이 어디일까요? 바로 사체와 쓰레기 더미입니다. 욕심을 부렸지만, 다 소비하지도 못한 찌꺼기들. 그리고 영원한 생명 없이 죽음을 맞이할 수밖에 없는 그곳에 파리가 몰려들고, 그것을 상징하는 우상이 바로 파리대왕, '바알세붑'입니다. 우상숭배는 소년들의 광란의 파티처럼 당장은 만족을 주는 것 같으나, 결국 정신을 잃게 만들고 생명이 아닌 사망을 가져옵니다.

과연 우리는 생명의 주님을 섬기고 있을까요, 아니면 죽음과 쓰레기의 우상을 따라가는 삶을 살고 있을까요, 조금은 두렵고 떨리는 마음으로 자신을 돌아봅니다.

추천 번역

윌리엄 골딩이 노벨문학상을 받은 1983년을 전후해

---

1 성경에서는 왕하 1:2,3,6에서 바알세붑이 '에그론의 신'으로 나옵니다. 하나님께 물어야 할 일을 바알세붑에게 물었습니다. 결국 아하시야는 침상에서 내려오지 못하고 반드시 죽으리라는 저주를 듣게 됩니다. 바알은 '주(主)'라는 뜻이고, 세붑은 '파리'라는 뜻입니다.

서『파리대왕』의 번역은 40여 종이나 국내에 출간되었다고 합니다. 단시간에 가장 많은 번역이 나온 기록이라고 하죠. 그중 다음 두 개의 번역이 무난합니다. 처음 출간된 지는 좀 오래되었기 때문에, 간혹 한자어가 보이기는 하지만 읽기가 어려울 정도는 아닙니다.

1. 윌리엄 골딩, 이 덕형 옮김, 『파리대왕』(문예출판사, 2판1쇄 2010)
2. 윌리엄 골딩, 유 종호 옮김, 『파리대왕』(민음사,1판 58쇄 2013)

함께 읽을 책
1. 쥘 베른, 김 석희 역, 『15소년 표류기 1,2』(열림원, 2009)

모험소설 중 가장 널리 알려진 작품 중의 하나입니다. 특별히 풍부한 상상력있는 쥘 베른의 작품으로 무인도에 표류한 소년들이 온갖 역경을 이겨나가는 이야기입니다. 과거 텔레비전에서 만화 시리즈로도 방영했었죠.

2. 로버트 발렌타인, 이 원주 역, 『산호섬』(파랑새어

린이, 2005)

이 책은 『파리대왕』에 가장 영향을 준 작품입니다. 이 작품에 나오는 등장인물이 랄프와 잭입니다. 원래의 독자가 청소년이지만, 국내에는 어린이용으로 밖에 번역을 구할 수 없는 것 같습니다.

3. 랭던 길키, 이 선숙 역, 『산둥수용소』(새물결플러스, 2013)

위의 두 작품이 그래도 밝고 긍정적인 측면을 보여주는 소설이라면, 이 글은 실제 2차 세계대전 당시 일본군 수용소에서 벌어진 일을 기록한 내용입니다. 인간 본성에 관한 묘사를 보면 『파리대왕』의 실사판이라고 할 만합니다. 결국 우리가 사랑이나 자비라고 생각했던 것이 단지 여유에서 나온 것은 아니었나 심각하게 돌아보게 합니다.

주인님은 나를
착한 사람으로 가르칩니다[1]

– 대니얼 디포, 『로빈슨 크루소』

원고를 마무리하는데, 멕시코의 어부가 13개월 표류한 끝에 구조되었다는 기사가 올라옵니다. 사람들이 서로 어울려 사는 사회에서 다른 이들과 단절되었다가 다시 복귀했다는 소식은 늘 관심을 끌기 때문에, 해외의 소식까지도 듣게 됩니다. 그런 표류, 무인도 생활을 다룬 영화, 만화, 문학작품도 많이 있고요. 그런데 늘 그런 이야기들에 수식어처럼 붙는 묘사는 "로빈슨 크루소 같이…"라는 표현입니다. 그만큼 소설 『로빈슨 크루소』는 유명합니다. 이 소설은 보통 아동문학으로 알려져 있고, 어린 시절 웬만큼 책을 즐겼다면 한 번쯤은 봤을 정도로 널리 읽히는 책입니다. 일단 가볍게 줄거리만 따라가도

---

1 로빈슨 크루소에게 영어를 배운 원주민 '프라이데이'가 한 말이기에 번역에서도 어색하게 표현 되었습니다.

읽을 만한 재미있는 책이죠. 하지만 『로빈슨 크루소』는 줄거리 파악으로 그칠 만큼 그리 만만한 책이라 할 수 없습니다. 원래 아동을 독자로 생각하고 쓴 책이 아닐 뿐더러, 사실적인 묘사 때문에 근대적인 소설의 시초라는 평가를 받는, 문학사적인 의의도 큰 작품입니다. 존 번연이 쓴 『천로역정』같은 작품의 전형적이고 상징적인 묘사와 달리 『로빈슨 크루소』는 어디서나 있을 법한 인물과 그의 행동이 담긴 사건을 사실적으로 묘사하여 한 시대를 연 작품입니다.[1]

더구나 이 소설은 기독교인들에게 특별한 의미를 가집니다. 실제로는 상당히 기독교적인 책인데, 한국에 들어오면서 순화(?)된 작품들이 적지 않습니다. 그 중 하나가 로빈슨 크루소입니다. 크루소라는 이름의 뜻도 '크로이츠네어(Kreutz + näher) - 십자가로 더 가까이'라는 독일 이름을 영국식으로 바꾼 것이라 합니다.

17-8세기를 배경으로 하고 있어서, 여러 개혁파 신앙고백서들이 나오던 바로 그 시대의 청교도에 대한 이해에도 도움을 주기 때문이죠. 당시의 시대적 배경을 전

---

1 원래 대니얼 디포는 『로빈슨 크루소』를 실제 있었던 '여행기'로 보이기 위해 의도했다고 합니다. 그렇게 본다면 이 소설의 사실적인 묘사는 문학사에 새로운 지평을 열려고 해서가 아니라 가급적 실제로 보이려는 의도 때문입니다.

해주는 것은 물론이고, 조금 더 깊이 '신앙'과 '경제'라는 두 축으로 자세히 살펴보면, 어떻게 살아야 할 것인가 그리스도인들의 과제도 찾을 수 있을 것입니다. 예수님께서 사람이 하나님과 재물을 겸하여 섬길 수 없다고 말씀하셨듯이, 지금 현대를 사는 신앙인의 삶에서도 결코 무시할 수 없는 주제이기 때문입니다.

중산층의 안락함

『로빈슨 크루소』는 '중산층'의 이야기입니다. 현대적 의미로 '중산층'이라고 하면 조금 오해의 소지가 있습니다만, 종교 개혁이 일어나고, 프로테스탄트가 형성되는 과정이나, 특별히 조금 세월이 지나 영국에서 국교도와 구분되는 비국교도인 청교도들이 역사에 등장하는 데에는, 상인들을 중심으로 한 이른바 '중산층'이 주도적인 계층이었습니다. 이들은 원래 신분이 구별된 부유한 귀족들도 아니고, 또 여러모로 여력이 없는 하층민도 아니어서, 새로운 동력으로 교회와 사회를 새롭게 이끌어 갔습니다. 작가인 대니얼 디포나 주인공인 로빈슨 크루소 모두 이 부류에 속하는 비국교도인 영국 상인들입니다. 때문에 디포의 작품에서는 이들의 삶과 생각이 무엇이었는지 잘 드러나 있습니다.

소설의 첫 부분을 보면 로빈슨 크루소의 아버지가 중산층의 삶이 얼마나 복된 지 누누이 강조합니다.

> 아버지는 나더러 잘 관찰할 것을 명했다. 즉 인생의 재앙은 상류층과 하류층끼리만 나누어 갖는다는 사실을 나도 알 것이라 했다. 중산층은 재앙을 제일 적게 겪을 것이며 상류층이나 하류층이 겪는 그 많은 인생무상에 접하지 않을 것이라고, 틀림없이 그렇다고 했다. 중산층은 신체적으로나 정신적으로 그 숱한 병과 불안에 시달리지 않는 것과 달리, 상류층은 방탕한 생활과 사치와 낭비에 의해, 하류층은 노동과 생필품 부족과 형편없고 불충분한 식사로 인해 그들이 밟는 생활 방식의 필연적인 결과로 자신들에게 신체적·정신적 병을 몰아온다는 것이었다.

어떻게 보면 귀족도 아니요, 가난한 노동자나 소작농도 아닌 중산층의 삶을 강조한 것은 신분차별이나, 비국교도인으로서 사회에서 인정받지 못하는 데에 대한 역투사입니다. 그들은 귀족들과 같이 물려받은 토지에서 세를 받으며 살 수 있는 처지가 아니었기에, 더더욱 장사와 무역거래에 힘을 쏟았고, 대니얼 디포 자신이 여러 가지

사업을 했던 사람이었기에 무역과 상거래와 관련된 내용
이 참 많이 나옵니다.

물건으로 가득 쌓인 요새

무인도 생활을 중심으로 소설의 도입부와 결말에서
는 해외로 나가 무역하는 크루소에 대한 묘사가 상세히
나옵니다. 하지만 무인도에서도 '상거래'의 분위기는 빠
지지 않습니다. 거래의 대상이 없어도 마치 대차대조표
와 같이, 로빈슨 크루소가 난파선에서 물건을 모으거나
섬에서 식량이나 필요한 물품들을 조달하는 일들이 흥미
롭게 전개됩니다. 하루를 기록하는 일기에서는 좋은 일과
나쁜 일이 일목요연하게 정리하기도 하고요.

그 시대의 일반적인 중산층처럼 주인공에게서도 충
분한 재물에서 오는 만족감이 나타납니다. 주인공이 무인
도에서 가장 먼저 한 일은 동굴에 거처를 마련하고, 식량
을 구해 저장하는 것이었습니다. 그리고 필수품들이 차곡
차곡 쌓이는 것을 보고 스스로 크게 흡족해하죠.

누군가가 내 동굴을 보았더라면 필요한 모든 물품이 잘
보관된 종합 창고처럼 보였으리라. 모든 물건들이 쉽게
손닿는 곳에 하도 잘 정돈되어 있어서 가지런한 그 모

습을 보는 게 큰 낙이었다. 특히 모든 필수품들이 그토
록 멋지게 보인다는 걸 깨달은 게 그랬다.

보통 독자들이 가장 큰 재미를 느끼는 대목도 동굴
을 요새로 만들고, 또 필요한 물품과 식량을 구해오는 부
분이 아닐까 생각됩니다. 저도 로빈슨 크루소를 읽고 감
명(?)을 받아 종이에 물건들 목록을 그리고 쓰고 했던 어
린 시절 기억이 나는 것을 보면, 필요 물품을 충분히 저장
해 놓고 만족감을 느끼는 것은 다 마찬가지인가 봅니다.

그런데 필요 물품을 어느 정도 섬 생활이 물질적으
로는 안정적으로 되는 이 무렵부터 주인공은 자신을 돌
아보기 시작합니다. 이렇게 무인도에 표류하여, 수십 년
을 지내다가 결국 고향으로 돌아오게 되는 여정이 그리
스도인의 성숙해 가는 과정을 압축하여 보여주고 있어서
더욱 흥미롭습니다. 소설에는 생존에 급급하다가, 재물
모으기와 거처에 대한 집착, 그 후 일기와 성경 읽기를 통
한 자신의 잘못에 대한 자각, 그리고 신앙을 다른 사람에
게도 가르치는 크루소의 변화가 모두 나타나 있습니다.
저자의 의도는 아니겠지만, 일반적으로 부르심을 받는 성
도들의 모습, 그리고 어쩌면 교회가 성숙해 가는 모습도
대체로는 이런 순서가 아닐까요?

신앙, 회개의 여정

모험과 고난이 반복되는 과정에서 크루소가 단지 자신의 방탕했던 삶에 대한 반성에 그치지 않고, 하나님을 인식하고 발견하며, 또 성숙한 신앙인으로 성장하여 결국에는 다른 이들에게 하나님의 권능과 섭리를 전하는 선교의 삶(?)까지 산다는 점이 놀랍지 않습니까? 대부분의 아동용 로빈슨 크루소에서는 이러한 신앙적인 묘사가 매우 약해져 아쉬울 따름입니다.

주인공은 풍랑을 만나고, 무인도에 홀로 남겨지게 된 후, 폭풍우와 여러 시련 중에 많은 사람이 목숨을 잃어도 자신이 살아남게 된 이유가 무엇일까 고민합니다. 여기에서 성찰과 신앙적인 회개로 이어질 수 있도록 돕는 것이 일기와 성경 읽기입니다. 그는 난파된 배에서 유용한 물건 몇 가지와 함께 성경을 찾아냅니다. 그리고 이 성경을 읽으며 고난의 의미를 묵상하기도 하고, 또 혼자 있는 외로운 삶을 견딜힘을 얻습니다.

우연히 펼친 성경에서 처음으로 눈에 들어온 구절은 이러했다. '환난 날에 나를 부르라. 내가 너를 건지리니, 네가 나를 영화롭게 하리로다(시50:15)'
이 구절은 내 처지에 들어맞는 구절이어서 읽는 순간 약

간의 어떤 인상을 남겼다. … 그 구절은 나에게 큰 인상
을 남겼기 때문에 나는 자주 그 구절을 생각했다.

그리고 7월 4일 자 일기에서는 성경 읽다가 주신 깨
달음을 기록합니다.

진지한 자세로 성경 읽는 일에 착수한 지 얼마 되지 않
아 나는 과거의 내 삶이 얼마나 사악했는지 절실히 깨
달았다. 전에 꾼 꿈에 대한 인상이 되살아나고 '이 모든
일을 겪고도 뉘우칠 줄 모르다니'라는 말이 머릿속에서
맴돌았다. … 나는 성경을 내려놓고 양손뿐 아니라 가슴
까지 하늘로 높이 쳐들고 환희에 찬 목소리로 크게 외쳤
다. "예수님, 다윗의 아들 예수여, 고귀하신 주의 아들이
시여, 구세주이신 그리스도여, 저를 회개하게 하소서!"

어려움을 겪고 홀로 외로이 있을 때, 주님께서 더 가
까이 찾아주시는 것은 분명합니다. "너는 기도할 때에 네
골방에 들어가 문을 닫고 은밀한 중에 계신 네 아버지께
기도하라 은밀한 중에 보시는 네 아버지께서 갚으시리
라"(마6:6)라는 예수님의 말씀처럼, 무인도는 골방은 아니
지만, 크루소는 분명 홀로 있을 때 하나님의 음성을 더욱

크게 들었습니다.

무인도에서 사람을 만나다!

말씀을 통한 깨달음 다음에는 어떤 일이 벌어질까요? 주인공의 삶의 새로운 전기는 수십 년 만에 자기만의 요새인 무인도에서 또 다른 사람을 만나고 벌어집니다. 어느 날 크루소는 모래 위에 찍힌 사람 발자국을 보고 엄청난 충격을 받습니다.

> 어느 날 정오쯤 있었던 일이다. 보트로 가다가 사람의 벗은 발자국 하나를 보고 깜짝 놀랐다. 발자국은 모래 위에 아주 선명하게 찍혀 있었다. 나는 벼락을 맞은 듯, 귀신에 홀린 듯 그 자리에 서 있었다.

구조를 기다리고 있던 주인공이, 도리어 사람의 발자국으로 소스라치게 놀란다는 것이 아이러니 합니다. 자신이 발견한 발자국이 식인종은 아닐까, 아니라면 주변의 원주민[2]일까 하는 여러 가지 불안감에 사로잡혀, 한동안 지속하였던 삶의 평온함은 깨어집니다. 그 발자국

---

2 원작에서는 'savage'나 'barbarian'이라는 단어를 많이 사용합니다.

의 주인공은 어느 정도 떨어진 섬의 본토에서 건너온 원주민이었습니다. 이들은 또한 사람을 잡아먹는 식인종이었죠. 크루소는 포로 잡힌 이들을 잡아먹는 식인종의 살육 장면을 목격하고, 포로들을 구해주기로 작정합니다. 로빈스 크루소는 저장해 놓은 화약과 총이 있었기에 쉽게 그들을 물리칩니다.

포로 중 한 사람을 구하고, 마침 구해준 날이 금요일이었기에 '프라이데이(Friday)'라고 부르고 부하로 삼습니다. 자신을 주인님이라고 부르라고 하고요. 그에게 영어를 가르쳐 주고, 대화하며 주인공은 참으로 오랜만에 말을 하는 기쁨을 누립니다. 또 그가 말을 알아들으면서 신앙교육까지 시키게 됩니다.

나는 그의 마음속에 기초적인 종교 지식을 삼는 일에 노력을 아끼지 않았다. 특히 한번은 그에게 누가 그를 만들었는지 아느냐고 물은 적이 있었다. … 이런 대화 내용부터 시작하여 진정한 하나님에 관한 지식을 그에게 가르치기 시작했다.

프라이데이는 복음서를 배워서 크루소가 그와 같은 독실한 신자를 본 적이 없다고, 고백할 정도로 신앙이 성숙하게 됩니다. 그리고 본토로 돌아가고 싶지 않냐고 크루소와 대화하는 중에 프라이데이는 자기와 같이 본토에 가서 선교하자고 주인공에게 권하기도 합니다.

> 주인님은 야만인들을 착하고 얌전하고 온순한 사람들로 가르칩니다. 그들에게 하나님을 알고 하나님에게 기도하고 새로운 삶을 사는 법을 가르칩니다. … 됩니다. 됩니다. 주인님은 나를 착한 사람으로 가르칩니다. 그러니 그들도 착한 사람들로 가르칩니다.

실제로 함께 본토로 건너가 원주민들에게 복음을 전하는 내용은 소설에 나오지 않지만, 프라이데이가 성도가 되고, 또 충직한 하인이 된 것은 분명합니다. 인생의 방랑자가 난파되어 무인도에서 살게 되었다가, 난파된 자들을 구해주어 섬을 탈출하여 집에 돌아오게 되고, 또 하늘 아버지와 육신의 아버지 뜻을 어기다가 무인도에서 회심하여 복음을 알지 못하는 자에게 복음을 전하는 로빈슨 크루소! 어쩌면 어린 시절 읽었던 책에서는 찾기 어려운 부분이었을 겁니다. 소설은 물론 섬 생활과 항해 중에 겪은 모험과 그에 대한 극복을 담고 있지만 단순한 모험소설이 아니라, 한 인간의 정신적, 영적 성장기를 기록하였고, 또 다른 의미의 신앙고백서라고도 할 수 있겠습니다.

분명히 이 책에는 3~4백 년 전의 시대적 한계가 있습니다.[3] 그 예로 잡혀가려는 무어인에게 자유를 줄 수 있는 기회가 있었음에도 기독교인으로 만들어 주겠다는 구두 약속만 받고 그대로 팔려가도록 내버려 두는 일이나, 프라이데이를 어쨌든 끝까지 동료가 아닌 하인으로 생각하고 있는데, 21세기 독자의 입장에서는 결코 성숙한 그리스도인의 자세라 할 수는 없겠죠. 소설에서 지나친 사제주의나, 스페인의 남아메리카 정복 전쟁에 대한 혐오감을 주인공이 나타냈듯이, 우리는 과거의 모습에서 좀 더 새로워진 모습이 필요할 것입니다.

가만히 내버려두면 자기 맘대로 죄 짓는 삶을 살게 되고, 역경과 환란을 통해서 비로소 하나님을 가까이 한다는 것! 어쩌면 이것이 왜 인간이 본질상 죄인인지 우리에게 보여주는 명확한 증거입니다. 이 소설을 보면서 저의 모습과 우리 사랑하는 한국 교회의 모습을 돌아보게 됩니다. 우리도 고민하고 또 매일 말씀 가운데 자신을 돌아보지 않으면, 자기만의 동굴에 재물이 쌓여있다고 쉽사리 만족하게 되지 않겠습니까? 환란과 풍랑이 오기 전

---

3 그래서 『로빈슨 크루소』를 전형적인 제국주의 소설로 깎아내리는 이들도 있습니다.

에 마음을 돌이켜 정말로 나와 다른 이들을 향한 사명이 무엇인지 기억했으면 좋겠습니다. 무인도는 아니어도 하나님과 단둘이 만날 수 있는 한적한 곳의 깨달음과 행복을 회복하기를 기도합니다.

추천 번역

영미문학평가단에서 10년 전 쯤 각 작품에 대한 번역본 평가 작업을 한 때가 있었습니다. 물론 로빈슨 크루소도 평가 대상에 들어갔는데요. 이 작품은 아동문학의 고전으로만 이해되는 경우가 적지 않지만, 18세기의 긴 문체와 구문들이 번역에 만만치 않은 어려움을 가져다 준다고 합니다. 아쉽게도 당시 10개의 번역본을 검토한 평가 결과에서는 추천본으로 제시된 번역이 없었습니다.[4] 하지만 당시 평가대상이 되지 않았거나 새로 출간된 번역본 중에 다음 책들이 읽을 만합니다.

1. 대니얼 디포, 이 덕형 역, 『로빈슨 크루소』(문예출판사, 2010)

---

4 영미문학연구회 번역평가사업단, "영미명작, 좋은 번역을 찾아서"(서울: 창비, 2005 초판), p.290-291.

2. 대니얼 디포, 윤 혜준 역, 『로빈슨 크루소』(을유문
   화사, 2008)
3. 대니얼 디포, 류 경희 역, 『로빈슨 크루소』(열린책
   들, 2011)

무료 원문

『로빈슨 크루소』와 그 후속작의 원문을 Amazon
Kindle[5]에서 무료로 볼 수 있습니다.

1. *Robinson Crusoe by Daniel Defoe* (Mar 30, 2011)
2. *The Life and Most Surprising Adventures of
   Robinson Crusoe, of York, Mariner* (1801) by
   Daniel Defoe (May 17, 2012)
3. *The Life and Adventures of Robinson Crusoe*
   (1808) by Daniel Defoe (May 17, 2012)

더 읽을 책

1. 막스 베버, 김 현욱 역, 『프로테스탄티즘 윤리와
   자본주의 정신』(동서문화사, 2010)

---

5 온라인 서점 아마존에서 제공하는 e-book 서비스.

2. 박 정자, 『로빈슨 크루소의 사치』(기파랑, 2006)

6. 꿈꾸는 나라

『로마의 성공, 로마제국의 실패』

『유토피아』

어떻게 해야 살기 좋은 나라가 올까, 자주 고민하고 이야기합니다. 역사를 돌아보아 '로마'를 살펴보고, 그리고 이모저모로 생각하며 세상에는 아직 있지 않은 유토피아를 꿈꿔봅니다. 여러분이 꿈꾸는 행복한 나라, 살기 좋은 나라는 어떤 모습인가요? 함께 이야기 나눠봅시다.

치명적인 것은
상상 속의 손실과 낙담이다
- 몽테스키외, 『로마의 성공, 로마제국의 실패』

신약성경을 읽다가, '로마 역사를 한 번 공부해 볼까?'하는 생각을 떠올리신 분들이 적지 않을 것입니다. 바로 예수님이 활동하셨던 시대가 로마였고, 사도 바울이 복음 들고 누볐던 곳도 대부분 로마 관할이었기 때문이죠. 우리 믿음의 선진, 순교자들이 바로 로마 치하에서 고초를 겪지 않았습니까? 그래서 진지하게 신약이나 교회사를 살펴보려면 우리는 로마가 과연 어떤 나라였는지 알아야 합니다.

그런데 로마에 대해서 좀 알아보고 역사를 공부하려 마음을 먹어도 곧 난관에 부딪힙니다. 먼저 자료 때문인데, 첫 번째로는 자료가 부족해서가 아니라 너무 많아 어떤 것부터 읽을지 모른다는 점과 두 번째로 널리 알려진 에드워드 기번이나, 시오노 나나미의 글들은 너무 길어서 엄두가 나지 않는다는 점이죠. 한 권을 제대로 읽으려고 해도 용기를 내야 할 경우가 많은데, 6권이나, 15권짜리를 독파하려면 기가 질려 시작하기가 어렵습니다. 막상 읽어보면 불가능할 것도 없지만 말입니다. 그래서 길지 않으면서도 로마를 다루면서 훌륭한 통찰을 보여주는 고전, 샤를 드 몽테스키외의 『로마의 성공, 로마제국의 실패』를 살펴보려 합니다.

이 책을 지은 몽테스키외(Charles-Louis de Secondat, Baron de La Brède et de Montesquieu 1689년 1월 18일 ~ 1755년 2월 10일)는 계몽주의 시대의 프랑스 정치사상가입니다. 그는 '법의 정신' 등에 나타난 명확한 권력 분립론의 설명으로 유명합니다. 주로 법과 정치 분야에 큰 발자취를 남긴 분이신데, 『로마의 성공, 로마제국의 실패』(1734)는 『페르시아인의 편지』(1721), 『법의 정신』(1748)과 더불어 몽테스키외의 3대 저작으로 꼽힙니다. 이 작품이 처음에는 가명으로 암스테르담에서 출판되었지만, 당시 사회에 커다란 주목을 받았습니다. 몽테스키외는 법과 정체(政體)에 조예가 깊어서인지, 로마사를 볼 때도 변화에 따라 로마의 역사를 왕정, 공화정, 제국의 시기로 나눕니다. 그리고 각 시기의 특징을 예리하게 판단하고 있습니다. 전반적으로 모든 정치권력이 집중되었던 제국 시기보다는 그 전 공화정을 더 나은 시기로 보고 있습니다.

로마 융성의 원인

그는 로마의 융성 시기를 왕정에서 공화정에 이르는 때로 봅니다. 이때가 로마의 장점과 융성하는 기운이 가장 활발했을 때이기 때문입니다. 수많은 나라가 생겼다가 사라지는 인류 역사 가운데에서 기억에 남을 정도의 나라, 특별히 역사에 큰 발자취를 남긴 "로마" 정도라면 번성하게 된 이유가 분명히 있습니다. 과연 무엇이 로마를 로마되게 하였을까요? 그중의 하나는 개방성과 수용성이었습니다. 폐쇄적으로 자신의 것만 고집하지 않고 훌륭한 외국 관습을 즉각적으로 수용하였기 때문에 로마는 점점 강한 나라가 될 수 있었습니다.

혹시라도 어떤 민족이 자연과 그 제도들에 특별한 장점을 갖고 있는 것을 본다면 로마인들은 주저 없이 그것을 차용했다. 그들은 누미디아의 말, 크레타의 궁수, 발레아레스의 투석병, 로도스의 배를 손에 넣기 위해서라면 어떠한 수단과 방법도 가리지 않았다.   – 47쪽[1]

그리고 또 다른 이유는 전쟁을 통한 군사 기술의 향

---

1 이하 페이지는 김 미선 역을 기준으로 합니다.

상이었습니다. 물론 보기에 따라 이 말은 어느 정도 순환 논리라고 할 수도 있습니다. 완전히 망하지 않고 계속 전쟁을 치를 수 있었다는 말은 약하지 않고 강했다는 말인데, 계속 전쟁을 치를 수 있어서 강해졌다는 말이니까요. 하지만 앞의 평가와 이어서 함께 생각해본다면, 로마는 끊임없는 전쟁을 거치며 근근이 버티기만 잘했던 것이 아니라, 다른 나라의 전쟁 기술을 신속히 배우는 기술이 탁월했습니다. 전쟁이든, 아니면 다른 이유로든 다른 나라와 만나고 접촉하는 가운데, 다른 편의 강점을 배우고 나의 약점을 보완하는 학습이 가능했기 때문에 로마는 세계를 지배하는 나라가 될 수 있었던 것입니다.

개인보다 사회적인 분위기가 중요하다

몽테스키외는 이 책에서 막힘없이 이탈리아 반도의 작은 도시국가, 로마에서 유럽, 아시아, 아프리카를 다스리는 거대한 제국으로 발전하는 모습을 보여줍니다. 특별히 이 과정에서 새로운 접근방법이 주목할 만합니다. 근대 이전에는 역사를 서술할 때 연대기나 이야기, 영웅담에 가까운 글들이 많음에 비해 그의 서술은 독특했습니다. 이 책의 원제는 '로마인들의 위대함과 그들의 몰락의 원인에 관한 고찰(*Considérations sur les causes de la grandeur des Romains et de leur décadence*)'입니다. 즉 그는 로마에 있었던 영웅들이나 위인들을 나열하는 데 그치지 않고, 왜 흥하고 망했는지 그 '원인'을 찾으려고 합니다. 그래서 로마의 역사를 이야기하면서, 제국의 성쇠를 좌우했던 구조적 원인, 즉 어떤 '법칙'을 찾으려고 합니다.

예를 들어 유명한 카이사르를 평가하면서도 개인의 능력을 높이 평가하다기 보다는 카이사르가 나오게 되었던 당시 사회의 배경과 분위기에 초점을 맞춥니다. 그는 역사는 위인이 아니라, '구조'에 의해 움직인다고 보았습니다. 사람보다는 시스템이 중요하다는 말씀이죠. 정신적인 측면에서 국가와 사회의 어떤 '분위기'가 중요하다는 말씀입니다. 그래서 만약 로마에 '율리우스 카이사르'라는 개인이 없었다 하더라도, 그와 같은 인물이 나왔으리라 몽테스키외는 예측합니다.

이 '구조'는 정치 체제나 외형적인 조건에만 그치지 않습니다. 로마가 번영할 수 있었던 이유는, 계속되는 전쟁 가운데서도 낙담하지 않고 새로운 풍습들을 받아들일 수 있었던 분위기, 번영과 높은 목표에 대한 '욕구'가 충만했기에 발전할 수 있었다는 말입니다. 전쟁이 일어나 패배할 때가 있어도, 물질적인 피해는 복구할 수 있지만 가장 치명적인 것은 손실이 일어나지 않을까 두려워하는 마음과 낙담이었다고 지적합니다.

분열이 아닌 번영이 몰락의 원인이었다

자 그러면 저자는 로마가 왜 몰락하기 시작했다고
보았을까요? 이전까지 로마는 분열 때문에 패망하였다
고 학자들은 보았지만, 그는 다른 주장을 내놓습니다. 도
리어 분열이 로마에 필연적이었고, 그런 분열은 늘 있고,
또 늘 존재해야 한다는 것입니다. 도리어 로마의 해악은
바로 공화국의 번영이었으며, 그 번영 때문에 소요가 일
어나고, 작은 혼란이 내전으로 격화되었다고 평가합니
다. 사실 로마에는 분쟁이 있어야 했다는 것이죠. 국가가
충분히 번영하게 되면 새로운 도전과 극복에 대한 의지
는 줄어들고, 단지 현상 유지에 만족하려는 마음이 생깁
니다. 몽테스키외는 여기에 주목했습니다.

번영을 패망의 원인으로 보았다는 점은, 마치 "교만
은 패망의 선봉이요 거만한 마음은 넘어짐의 앞잡이"(잠
16:18)라는 말씀을 기억하게 합니다. 저자는 번영이 패망
의 원인이었음을 여러 군데서 피력합니다. 로마뿐 아니
라 다른 나라를 바라볼 때도 마찬가지로요.

카르타고는 로마보다 먼저 부유해진 까닭에 그만큼 더

일찍 타락했다.   – 58쪽

로마는 세계를 3번 지배했다는 말이 있습니다. 한 번은 무력으로, 그리고 법률로, 마지막으로는 교회로 지배했다는 뜻입니다. 그 중에 법률을 지금까지도 세계 각국의 법에 영향을 주었을 정도로 인류 역사상 큰 업적이라 할 수 있을 것인데, 그 탁월한 법률까지도 번영 이전과 이후가 상황이 달라졌다는 것입니다.

로마의 법률이 무기력해져 공화국을 통치할 수 없었다는 것은 사실이다. 그런데 늘 관찰되는 사실이 하나 있으니, 그것은 작은 나라를 훗날 부강하게 키운 좋은 법률이 정작 그 나라가 커졌을 때는 부담이 된다는 것이다. 이런 법률은 본래 위대한 국민을 만드는 데 효과가 있지, 국민을 다스리는 데 효과가 있는 것은 아니기 때문이다. …중략…로마는 번영을 지향했고, 그들의 법 또한 이 목적에 놀라우리만치 잘 어울렸다. …중략…로마가 자유를 잃어버린 것은 추진하던 그 과업을 너무 빨리 이루었기 때문이다.   – 136~7쪽

그리고 싸워야 할 적이 없어지고, 번영의 열매만을

차지하고자 일어난 내란으로 로마를 이룬 힘이라 볼 수
있는 '상무(尙武) 정신'도 타락하였습니다. 도전에 따르는
응전의 정신이 있어야 하는데, 결국 안주하려는 마음이
로마를 타락시키고, 힘을 뺐습니다.

> 예전에는 적에게서 빼앗은 돈으로 이 하사품을 충당했
> 는데, 불행한 내란의 시기에는 국민의 주머니에서 충당
> 했다. 게다가 군인들은 노획물이 없는 곳에서도 자신들
> 의 몫을 요구했다.   - 218쪽

> 가끔은 황제들의 소심함 때문에 대개는 제국의 허약함
> 때문에, 침입하겠다고 위협하는 민족들을 금전으로 달
> 래려는 시도가 이뤄졌다. 그러나 평화는 돈으로 살 수
> 있는 것이 아니다. 평화를 판매한 사람은 그 후 다시 사
> 도록 강요할 수 있는 보다 유리한 위치를 선점한 셈이기
> 때문이다.   - 261쪽

어떤 것이 이상적인 정치체제인가

로마의 역사를 바라보면서 자연스레 드는 생각은 지
금 우리는 어떠한가? 이상적인 국가가 되기 위해 부족한
부분을 어떻게 채울까 하는 질문입니다. 몽테스키외의 작

품에 나타나는 주요한 관심도 당시 근대국가의 형성이 이뤄지던 시기에 로마의 역사 가운데 이상적 '정치체제'를 찾아보려는데 있었습니다. 이 책을 13년 전에 쓴 『페르시아인의 편지』와 14년 후에 쓸 『법의 정신』과의 관계 속에서 이해하면 그러한 면은 더욱 도드라집니다. 그는 페르시아와 같은 전제 군주제를 날카롭게 비판하면서 로마가 융성하던 시기의 공화제에서 근대국가의 모델을 보고 있습니다. 이 작품보다 후에 쓴 "법의 정신"에서는 정치체제를 세 가지로 분류하며, 공화정의 원칙은 '미덕'이고, 군주제의 원칙은 '명예'이며, 독재의 원칙은 '공포'라고 말합니다. 이 분류는 바로 우리가 '왕정'에서 '공화제'를 거쳐 '제정'으로 변모해 간 로마의 역사 중에서 볼 수 있는 것입니다. 물론 몽테스키외가 이 세 정체 중에서 어느 하나를 절대화하지는 않고, 그 적절성은 국가공동체의 규모에 달려 있다고 합니다.

권력의 한계를 모르면 멸망한다.

그런데 하나 더 우리의 관심이 가는 부분이 있습니다. 교회사를 이야기하며 로마를 빼놓을 수가 없고, 또 로마를 이야기하면서 기독교를 빼놓을 수 없을 텐데 저자는 로마제국과 교회의 관계를 어떻게 보았을까요? 먼저 기독교가 뿌리내리게 된 데에는 이방 출신 황제의 역할이 적지 않았다고 봅니다.

> 황제들은 풍습의 형태로든, 공적 질서의 형태로든, 제례 형식으로든, 자신의 모국에서 무엇인가를 들여오기 시작했다. 급기야 헬리오가발루스(엘라가발루스라고도 함)는 로마의 모든 숭배물을 파괴해 버리고 자국의 신을 들이려고 로마 신들을 신전에서 몰아내려고 하였다.
> 그것이 유일신이 선택하고 유일신 혼자만이 알고 있는 비밀스러운 방식이라는 점은 차치하고라도, 아무튼 이 현상은 그리스도교가 제국에 뿌리 내리는 데 큰 기여를 했다. 왜냐하면 제국에는 더 이상 이방의 것이라 할 수 있는 것이 없게 되었으므로, 사람들은 황제가 어떤 것을 들여오든 무엇이든 받아들일 준비가 돼 있었기 때문이다. — 232~233쪽

전반적으로 저자는 순수한 로마의 정신이 쇠퇴한 시기에 기독교가 발흥하였기에, 교회의 역할을 긍정적으로만 보지는 않았습니다. 하지만 그가 기독교를 부정적으로 보았다기보다는 언제나 세속 권력과 종교 권력이 구분되지 않고 그 한계를 몰랐을 때 위기를 가져왔다는 사

실에 주목하고 있습니다.

그리스인(동로마 제국)의 모든 불행을 낳은 가장 유해한
원천은, 그들이 교회 권력과 세속 권력의 성격이나 한계
를 전혀 몰랐다는 데 있다.   – 322~323쪽

즉 종교의 힘을 빌려 세속권력을 유지한다든지, 거
꾸로 교회가 세속 권력을 탐하는 모습은 국가나 교회를
쇠퇴하게 하는 지름길이라고 봐야겠습니다.

영원한 것은 하나님 나라뿐

천 년 왕국 로마도 영원할 수는 없었습니다. 도리어
어려움과 도전의 시기에는 그것을 잘 극복해 나갔지만,
번영의 시기, 그리고 강력한 권력이 등장한 시기에 도리
에 쇠퇴하게 되었다는 평가가 여러 가지를 생각하게 합
니다. 나라도 나라이지만, 여러 가지로 위기에 처했다는
조국 교회를 생각하게 됩니다. 오히려 너무 빨리 번영하
게 되고, 많은 사람이 교회 안에 모여들게 되고, 중심에 소
망하는 가난한 마음을 잃어버린 것이 문제가 아닌가 하
고 말입니다. 분명히 가난한 자를 불쌍히 여기시고 고아
의 아버지 되시는 하나님은 우리가 어려운 시기에 우리

민족을 긍휼히 여겨 주셨습니다. 그런데 너무 빨리 찾아온 번영 때문에 감사와 그에 따른 헌신이 사라져 우리에게 위기가 찾아온 것을 아닐까요?

로마제국의 역사를 잠시 살피니, "나라와 권세와 영광이 아버지께 영원히 있다"는 주기도문의 고백이 더욱 진하게 다가오는 듯합니다. 서구의 몰락해가는 교회들을 바라보며 조롱하듯이 우리의 번영을 자랑했던 강단의 메시지들이 떠오릅니다. 하지만 우리도 영광을 우리가 취하려고 할 때 바람에 나는 겨처럼 금방 몰락하고 날아가 버릴 수 있음을 잊지 말아야겠습니다.

추천 번역

1. 샤를 드 몽테스키외, 김미선 역, 『로마의 성공, 로마 제국의 실패』(사이, 2013년 초판)

가장 최근에 번역하였으며, 전문 번역가인 역자가 원서에서 번역하여 읽기에 문제없이 가독성이 좋습니다.

2. 몽테스키외, 박 광순 역, 『로마인의 흥망성쇠 원인론』(범우, 2007년)

고전이나, 역사 관련 서적을 다수 번역한 역자가 번역한 역본입니다.

참고할 만한 책

1. 에드워드 기번, 윤 수인·김 희용 역,『로마제국 쇠망사, 1~6』(민음사, 2008년)

가장 유명한 로마사이기도 합니다. 기독교인 입장에서는 동의하기 어려운 서술도 일부 있지만, 서구권에서는 여러 세기 동안 널리 읽혔을 정도로 가치를 인정받는 작품입니다.

2. 시오노 나나미, 김 석희 역,『로마인이야기, 1~15』(한길사, 1995 초판)

한 때 로마 열풍을 불러 일으켰던 작품으로 100쇄가 넘은 베스트셀러입니다. 로마에 저자의 조국 일본을 투영했다는 평가가 있어, 피해국인 우리 입장에서는 불편함이 조금 있습니다. 최근 알려진 저자의 망언으로 더욱 그렇고요. 하지만 저자의 필력은 인정해야 할 것 같습니다.

3. 아우구스티누스, 성 염 역, 『신국론』(분도출판사, 교

부문헌총서 16~18)

어쩌면, 참고할 만한 책이 아니라, 신국론 독서를 위해 몽테스키외의 책을 소개한다는 것이 더 맞겠습니다. 신국론은 꼭 로마에 관한 이야기라 할 수는 없지만, 하나님의 나라, 국가, 이런 큰 담론에 대하여 로마제국이 쇠락해 가는 배경 가운데 기록했기 때문에 성경을 이해하는데에도 많은 도움을 줍니다. 꼭 한 번쯤은 제대로 읽어볼 만한 책입니다.

이성만으로는 진정한 행복을 논의하는 데 부족하다고 믿습니다

– 토마스 모어, 『유토피아』

우리가 평소에 어떤 이야기를 많이 할까요? 소소한 일상사에 관한 이야기들 가운데, 어떻게 해야 살기 좋은 나라가 될지도 자주 말합니다. 살기 힘들다, 나라와 지도자가 왜 이 모양이냐는 부정적인 언급이 더 많겠지만, 개개인의 실제적인 행복과 관련되기 때문에 나라 경영이나 정치에 관해 많이들 이야기하는가 봅니다. 시대가 달라도 사람 사는 것은 별반 다르지 않습니다. 이상(理想)적인 나라에 대하여 서술한 작품들이 꽤 오래 전부터 최근에 이르기까지, 끊임없이 등장하는 것을 보면, "살기 좋은 나라"는 사람들의 영원한 관심사입니다.

이번 단락에서는 '이상 국가'를 다룬 작품을 살펴보려고 합니다. 그런데 기존 이 코너에서 작품을 다룬 방법하고는 조금 차이가 있습니다. 그 이유는 이상 국가를 다룬 작품들은 문학적인 묘사가 있는 작품들도 있지만, 나라의 특징을 서술하거나 나열하는 방식이 많습니다. 등장인물의 심리보다는 내용을 살펴야 된다는 말씀이죠. 그리고 이번에는 하나가 아닌, 여러 작품을 살펴보려고 합니다.

언제 "유토피아"는 시작되었는가?

이상 국가, 이상향(理想鄕)을 '유토피아'라고 많이 부릅니다. 이 명칭은 토머스 모어의 작품에서 시작했습니다. 처음에는 어디에도 없는 곳이라는 의미로 헬라어 우(ou-)+토포스(topos)를 합쳐서 유토피아라 이름 했지만, 나중에 "좋다"는 뜻의 유(eu)라는 접두어가 붙은 것으로 해석하여 '좋기는 하지만, 어디에도 없는 이상 국가'를 나타내는 적절한 이름으로 '유토피아'가 굳어지게 되었습니다. 모어의 유토피아는 1500년대 초반에 나온 작품입니다. '이상향'의 개념이 이때 처음 나온 것은 아닙니다. 이로부터 2천 년 전에도 매우 체계적인 저술이 있었는데, 바로 플라톤의 『국가(國家, Politeia)』입니다. 물론 고대에도 국가의 이상적인 형태에 대하여 다룬 작품들이 없지는 않으나, 그 깊이나 또 분량에 있어 플라톤의 작품에 비할 만하지는 않습니다. 성경 말씀들은 물론 논외로 하고요.

유토피아의 역사

거의 2500년 동안의 유토피아 역사를 살펴보면, 특이한 점 하나가 있습니다. 이런 작품이 나온 시기가 유토피아가 절실히 필요한 시기였다는 사실입니다. 다시 말해 살기 힘들었을 때였기에, 살기 좋은 나라(?)를 강렬하게 꿈꾸었다는 것이죠. 일제 강점기나 순교가 이뤄지는 박해기에 계시록과 천국에 관한 설교가 가장 많이 이뤄졌다고 하지 않습니까.

플라톤도 아테네와 스파르타의 대결이 이루어진 펠로폰네소스 전쟁에서 아테네가 패한 후 혼란스런 상황에서 『국가』를 썼습니다. 스파르타에 의해 세워진 참주(僭主)들을 몰아내고, 민주제가 들어서지만, 선동으로 아테네는 더욱 혼란스러웠습니다. 이 와중에 바로 플라톤의 스승 소크라테스가 독배(毒杯)를 마시고 죽습니다. 대중의 선동에 현자가 죽는 혼란기에 『국가』라는 작품이 탄생하였습니다.

모어의 『유토피아』도 마찬가지입니다. 당시 영국에는 땅을 가진 귀족들이 땅에 말뚝을 박아 구획을 정리하여, 원래 농토였던 곳을 목초지로 바꿔 양을 키우는 일들이 유행하였습니다. 소작료를 받던지, 농작물을 생산하기보다는 양모를 파는 것이 훨씬 더 이득이 남는 일이었거든요. 농토가 없어지자 소작농을 하던 이들은, 먹고 살 길이 없어서 이리저리 떠돌다 도둑이 되든지, 굶어 죽게 되었습니다. 양을 칠 때는 사람이 많이 필요하지 않고 이리저리 잘 뛰어다니는 양치기 개가 있으면 되거든요. 모어는 당시 시대 상황을 『유토피아』 1부에서 그대로 기록합니다.

16~7세기 이후, 다시 한 번 이상 국가에 대한 작품이 쏟아져 나오는 19세기 말~20세기 초반의 상황도 비슷합니다. 빈부의 격차가 심해지고, 사람들의 불만이 고조되어 수백 년 이상 지속하였던 왕조들은 무너지고, 러시아혁명 등 공산주의와 전체주의가 등장합니다. 그런데 16~7세기와 19~20세기의 작품들을 비교하면, 많은 부분에서 차이를 보입니다. 16~7세기의 이상향은 어딘가에 있으나 다시 찾아가기는 어려운 곳입니다. 작품 대부분에서 항해 중에 유토피아를 발견하였다고 말하는데, 실제 우리가 사는 곳이 아니라, 이방인으로서 우연히 관찰하게 된 나라, 다시 말해 아직 현실이 되지 못한 소망으로만 그리고 있다는 말씀이죠. 그런데 19~20세기 작품의 나라는 주인공이 실제로 사는 장소라는 점이 다릅니다. 그리고 16~7세기에는 상당히 목가적인 분위기에서 살기 좋은 나라를 묘사하였지만, 후대에 발표된 작품들

은 좀 다릅니다. 전대(前代)에 말한 유토피아의 조건들이 상당부분 이뤄집니다. 하지만 좋은 나라도 아니요, 천국도 아니라 거의 지옥에 가까운 디스토피아(dystopia, 헬라어에 유래한 접두어 dys-는 eu-에 반대되는 나쁘다는 의미)입니다. 시대에 흐름에 따라, 16~7세기 멀리서 바라본 유토피아는 참 좋은 곳이었다고 한다면, 20세기에 '여기에 있는' 현실이 되었을 때 지옥으로 바뀌었다고 할까요? 그런 비관적인 작품들이 나오게 된 이유에는 세계대전의 영향이 있었습니다. 전쟁의 참상을 보고 낙관적인 세계관과 무엇보다 인간에 대한 긍정적인 이해가 깡그리 무너졌던 것입니다.

사람들이 그려낸 유토피아에는 두 종류로 나눌 수 있다고 합니다. 하나는 현실의 어려움이 없고 지금의 문제들에서 '멀리' 떨어져 있는 도피적인 유토피아와 그리고 지금은 무너진 사회정의와 여러 문제를 다시 회복한 '재건 유토피아'가 그것입니다. 도피적인 유토피아는 로빈슨 크루소 같은 무인도 문학에서 살펴볼 수 있고, 재건 유토피아란 말은 우리가 교회에 대하여 쓰는 '부흥(復興)'이라는 말과 비슷합니다. 설령 과거에 그런 사회가 있지는 않았다 하더라도 무너진 올바름과 경제적인 문제가 회복되었다는 의미에서의 '부흥'입니다. 다른 문화나 사회

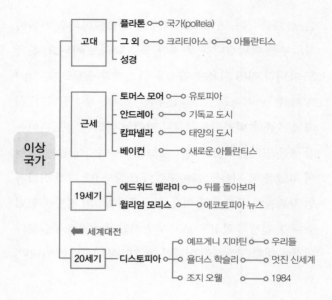

이상
국가

고대 ── 플라톤 ○─○ 국가(politeia)
      그 외 ○─○ 크리티아스 ○─○ 아틀란티스
      성경

근세 ── 토머스 모어 ○─○ 유토피아
      안드레아 ○─○ 기독교 도시
      캄파넬라 ○─○ 태양의 도시
      베이컨 ○─○ 새로운 아틀란티스

19세기 ── 에드워드 벨라미 ○─○ 뒤를 돌아보며
        윌리엄 모리스 ○─○ 에코토피아 뉴스

◀── 세계대전

20세기 ── 디스토피아 ○ ── ○ 예프게니 지먀틴 ○─○ 우리들
                        ○ 올더스 학슬리 ○─○ 멋진 신세계
                        ○ 조지 오웰   ○─○ 1984

적인 제도는 없지만, 에덴동산 같은 모습으로 풍부한 과
일로 만족하는 삶이 도피적인 유토피아요, 사회제도나 교
육, 기타 방법에 대한 구상이 들어간다면 재건 유토피아
라 할 수 있습니다. 이제 작품들을 몇 가지 핵심적인 질문
으로 살펴보려고 합니다.

왜 유토피아인가?

첫 번째 질문은 작품에서 그린 이상향들이 '왜 유토
피아인가'하는 점입니다. 작가들이 만만치 않은 시대적

배경에서 썼다고 말씀드렸는데, 거꾸로 작품들을 보면 그 당시의 문제와 어려움이 무엇이었는지도 추측해 볼 수 있습니다. 이상향은 부족함이 없는 나라입니다. 굶어 죽거나 입을 것이 없어서 걱정할 필요는 없다는 이야기죠. 실제로 생명을 부지할 수 없을 정도로 빈곤의 문제를 가지고 있던 이들이 많았던 시기였으니, 풍요로움은 이상향의 당연한 조건입니다.

그런데 풍요로움이 '극심한' 노동의 결과 주어진다면, 결코 유토피아라 할 수 없겠죠. 가족과 여가를 도무지 낼 수 없는 가장이 돈을 많이 벌어온다고 하여도, 함께 시간을 보낼 수 없는 이상, 행복한 가정이라 할 수 없듯이 말입니다. 그래서 유토피아에서는 적당한 노동으로 풍요로움을 얻는다는 조건이 반드시 들어갑니다. 적절한 노동시간은 얼마나 될까요? 재미있는 것은 유토피아에서 말하는 노동시간이 조금씩 변한다는 점입니다.

"그들은 하루 밤낮을 이십사 시간으로 나누고 이 가운데 여섯 시간을 노동에 투입합니다. 오전에 세 시간 동안 일하고, 이후 점심을 먹으며 두 시간 동안 쉬고 나서, 다시 오후 세 시간을 일하고 저녁을 먹습니다."

—토머스 모어, 『유토피아』 중

"그러나 이 마을 사람들에겐 공무, 기예, 노동이 평등하
게 배당되고, 하루에 4시간만 일하면 됩니다. 남는 시간
에는 즐겁게 놀거나 토론을 벌이거나 공부하거나 산책
을 합니다"   – 토마소 캄파넬라, 『태양의 나라』 중

캄파넬라의 『태양의 나라』(La città del sole)는 모어의
유토피아보다 90년 정도 뒤에 나온 작품입니다. 6시간 일
하는 것도 과하게 느껴졌을까요? 4시간으로 노동 시간이
줄어든 것이 흥미롭습니다. 시대에 따라 여러 작품을 비
교해볼 때 재미있는 것은 이 4시간 노동이 후대에 가면
다시 7시간 정도로 늘어난 작품들이 있습니다. 4시간으
로 실제 충분한 생산량을 확보하기에 부족하다고 느꼈
기 때문이겠죠. 시대가 많이 다르지만 선대(先代)의 플라
톤 작품에서는 사람이 자신의 능력과 특성에 맞게 일을
배분받아 직업을 가질 때가 가장 올바른 상태이고, 모두
가 행복할 수 있다는 서술은 있지만, 구체적인 노동 조건
(?)에 대한 언급은 찾기 어렵습니다.

그리고 노동 시간이 과하지 않기 때문에 남는 시간
에는 여가 활동을 합니다. 강압적이고 의무적이지는 않
습니다만, 정기적인 강연 활동에서 평생 교육을 받기도
하고, 직업을 위한 준비를 할 수도 있습니다.

유토피아에서는 어떻게 일할까

그런데 질문이 하나 생깁니다. 과연 이 정도로 일해도 충분하게 필요한 것을 생산할 수 있을까요? 하루 6시간 노동이라 하면, 현대에 비해서도 짧은 편입니다. 그럼에도 부족함 없이 생산량이 충족되는 이유는 일하지 않는 사람이 없기 때문입니다. 16~7세기에는 귀족 등 실제 생산 활동에 참여하지 않는 이들이 적지 않아서, 이들만 참여하여도 문제가 해결되리라는 것입니다. 모어의 유토피아에서는 농사를 기본으로 하여서 학문을 전업으로 하는 극소수의 사람들을 제외하고는 모두 생산에 참여합니다. 관리들이 하는 주된 일이 모두가 노동에 참여하는지 살피는 것이기도 하고요.

여기에서 관심 둘 작품은 프랜시스 베이컨의 『새로운 아틀란티스』입니다. 저자 자신이 과학에 밝은 학자여서 그런지, 이 작품에 그린 이상향인 '벤살렘'(아마도 '평화의 아들'이라는 뜻의 히브리어)은 기상과 생산을 조절할 수 있을 정도로 발달한 과학문명을 묘사합니다. 20세기의 『멋진 신세계』나 『1984』같은 작품에서는 과학의 발달이 유토피아가 아닌 디스토피아의 조건이 되는 것에 비한다면 매우 낙관적인 서술입니다. 아래의 내용을 보면 400여 년 전에 다음과 같은 상상을 했다는 것이 놀랍습니다.

우리는 씨앗 없이 배양토의 혼합만으로 다양한 식물을 성장시키는 방법을 알고 있습니다. 마찬가지로 자연산 식물에서 새로운 식물의 종을 개발하기도 하며, 한 종류의 식물을 다른 종류의 식물로 성장하도록 조작하기도 합니다. … 실험을 통해서 우리는 귀중한 결과를 얻었습니다. 동물의 중요 부위가 어떻게 생명을 유지하고 죽음에 이르는지에 대해 많은 지식을 얻었습니다. … 물론 동물의 피부색이나 모양, 활동 양식을 자유자재로 바꾸어 놓을 수도 있습니다.

–프랜시스 베이컨, 『새로운 아틀란티스』 중에서

하지만, 과학 기술의 발달로 인한 생산성의 향상을 다룬 작품들 역시 기술의 발달이 핵심은 아닙니다. 대부분의 유토피아 작품들은 사회주의적인 색채를 띠는데, 모두가 적절히 일해야 하고, 그것을 관리한다는 기본 틀을 가지고 있습니다.

유토피아의 계급과 통제

그런데, 사람들 대부분은 일하기를 싫어하지 않습니까? 6시간 혹은 4시간이라도 모두가 다 기쁘게 일할 수 있을까요? 사람의 욕심은 끝이 없는데, 어느 생산이 충분하게 이뤄진다고 해서 만족감을 느낄 수 있을지 의문이 듭니다. 각자 원하는 대로 내버려두면 무질서해질 수밖에 없다는 사실을 유토피아를 다룬 작가들도 알았습니다. 그래서 유토피아에서 중요한 것은 사치도, 부족도 아닌 '안락'함이고 만족할 수 있는 마음을 강조합니다. 그런데 한 번 다음 서술을 읽어보시기 바랍니다.

> 그러나 유토피아 사람들은 2년마다 옷 한 벌을 지어 입는 것으로 만족합니다. 그들에게는 더 많은 옷을 원할 필요가 없습니다. 옷을 많이 갖고 있다고 해서 더 따뜻해지는 것도 아니며 멋있게 보이는 것도 아니라는 것입니다.
>
> – 토머스 모어, 『유토피아』 중에서

이 글을 읽는 분들은 2년마다 한 벌 옷을 갈아입는 것으로 불만이 없으시겠습니까? 유토피아 작품들을 보면, 저자 자신의 성향이 반영된 느낌을 받을 때가 많습니다. 플라톤의 『국가』를 보아도, 자신이 철학자인데 '철인 (哲人, philosopher 잘 알려있듯이 헬라어 어원으로 '지혜를 사랑하는 사람'이라는 뜻이 있다)'이 다스리는 나라를 꿈꾸었듯이 말입니다. 토마스 모어 자신이 지위에 비해서도 옷을 검소하게 입는 사람이었다고 합니다. 문제는 모두가 다 플라톤처럼 지혜를 사랑하지도 않고, 모어처럼 2년 동안 같은 옷을 입고 앉아서 공부만 하기를 좋아하지는 않습니다. 약간 비평적으로 보자면 순진한 묘사가 참 많습니다. 유토피아 사람들은 "어른이 보석을 달고 다니면 부끄럽게 여깁니다."라는 식으로 서술하지만, 그 이유를 납득할 수 없을 때가 많죠.

다양한 사람이 각자 소견에 옳은 데로 하면 비극을 초래한다는 것은 사사기의 이야기만이 아닙니다. 그렇다면 질서 있는 국가, 유토피아를 유지하려면 어떻게 해야 될까요? 여기에서 자연스레 디스토피아적인 요소가 등장하겠죠. 먼저 사람을 분류하고 나눠야 합니다. 다시 말해 계급의 등장이죠. 플라톤 작품에서도 머리, 가슴, 배에 따라 사람을 구분합니다. 머리는 통치자, 가슴은 용기를 상징하는 군인, 배는 욕망의 절제가 필요한 생산자입니다. 토머스 모어의 유토피아에도 다스리는 사람이 있고, 특별히 잘못을 저지르지 않는 한 종신직입니다. 더구나 일반 평민이 아니라 노예까지 있습니다. 이러한 구분이 모두가 만족할 수 있는 '올바른' 것이 될 수 있을까요? 지혜를 사랑하는 사람이 따로 있다는 생각 자체가 선민의식이 아닐까 생각해봅니다.

고대와 근세 유토피아 작품의 이런 조건이 실제로

우리가 사는 이곳에 구현된다면 어떻게 될까? 20세기 작품들은 이 점을 다루고 있습니다. 저 멀리 있는 유토피아가 이곳에 이뤄질(?) 때는 디스토피아가 된다는 것도 역설적입니다. 나라의 질서를 위한 계급의 분리는 또 다른 지옥을 만들어 냅니다. 헉슬리의 『멋진 신세계』에서도 계급에 따라, 사람을 헬라어 알파벳으로 알파, 베타, 감마, 델타, 엡실론 계급으로 나눕니다. 조지 오웰의 1984도 말할 필요 없이 빅브라더로 대변되는 지배 계급과 일기 쓰는 것까지도 통제받는 피지배계급으로 구분됩니다. 올바른 이론만 제시하면 사람들이 따라올까요? 통치자의 '올바름'은 모두가 동의하지 않는 정의일 가능성이 많다는 것과 대중(大衆)이 그렇게 단순하지 않다는 사실도 기억해야 합니다.

그러한 플라톤이 통치계급에는 높은 도덕성이 요구된다는 묘사가 시사하는 바가 큽니다. 이들에게는 사유재산도 없고, 올바름, 곧 정의를 위해 자신을 내 던질 수 있는 덕성이 요구됩니다. 이러한 품성은 지혜를 사랑한다는 철학자의 어원이 잘 설명해주고 있죠. 그런데 철학자가 철학 전공자라는 뜻이 아닌 이상, 과연 그런 성자(聖者)급의 인물이 정치할 것이며, 또 정치하면서 그 성품을 어떻게 유지할 것이며, 또 자신의 모습은 유지된다고 하여서 일반 대중이 그를 알아보고 따를까 하는 것은 다른 문제입니다.

탁월한 당대의 지성들이 머리를 맞대고 고민한 '유토피아 구상'이지만, 구체화하는 과정에서 역설적인 디스토피아로 전락하기 쉬운 부분이 여기에 있습니다. 제시하는 유토피아를 대중이 따라주지 않습니다. 말하자면 '안락'할 줄 모르고 '사치'하려는 사람들이 생기고, 또 6시간 노동이라고 해도 나는 못하겠다 드러눕는 사람들이 반드시 생길 것입니다.

기억하십니까? 토머스 모어의 유토피아에도 '관리자'가 있었습니다. 아무 일도 아닌 듯이 가볍게 서술하며 지나갔지만, 일하도록 감시하는 관리자가 있고, 또 유토피아민의 덕성에 상처를 주지 않도록 가축을 도살하고 고기를 처리하는 일들에는 노예를 활용합니다. 아, 노예가 있다니요! 노예가 아버지에게서 아들로 세습되는지는 잘 나와있지 않지만, 이들은 범죄자를 벌하는 방법이나 외국에서 받아들여서 그 수를 충당합니다. 그리고 노동시간이 줄어든 대신, 평생 교육 과정이 있었습니다. 얼핏 동네 문화센터나 교회에서 하는 교양강좌쯤으로 가볍게 보일지 모르지만, 도리어 20세기 소련이나 북한에 등장한 집단학습이 여기에 더 가까운 모습이 아닐까요? 이성을 고양

(顧養)시킨다고 하지만 통지자의 '철학'을 주입하는 도구가 될 가능성이 높습니다. 조지 오웰의 『1984』에 나오는 묘사처럼 개인이 둘 더하기 둘은 넷이라고 바르게 생각하는데, 억지로 둘 더하기 둘은 다섯이라 강요하는 이른바 '사상교육'이 되기에 십상입니다.

결국, 국가체제를 가지고 있는 재건 유토피아를 말하는 작품의 서술을 잘 따라가면, 문명을 가진 국가를 지향하는 한 이상향이 아니라, 보통 국가의 모습도 지나 디스토피아, 전체주의적인 모습이 남습니다. 결국, 유토피아의 통치 철학에 동의하지 않는 이들을 통제할 방법이 있어야 하기 때문이죠.

유토피아의 적, '이기심'을 어떻게 통제할 것인가?

일반 나라가 유토피아가 될 수 없는 이유, 그리고 질서가 무너질 수 있는 요인을 '이기심'에서 찾는 경우가 많습니다. 선악과 먹은 인간의 원죄를 생각하면 적절한 추론입니다. 그런데 과연 이 '마음'을 어떻게 다스릴까가 관건이겠죠? 먼저 근원적으로 이기심의 뿌리를 없애려는 시도가 있습니다. 이기심이 생겨나는 이유는 '사유재산' 때문이고, 사유재산에 대한 집착이 생기는 이유는 각각의 '가족'이 있기 때문입니다. 그러므로 이 부분을 손보려고 합니다. 가족이 있으면, 사유재산에 더욱 집착하게 되고 '안락'에 만족하지 못하고, 끝없는 사치의 욕심에 빠지게 된다는 말입니다. 그래서 일견 황당해 보이는 '아내공유제', '가족공유제' 같은 견해가 플라톤과 같은 대철학자에게서 나왔습니다.

그런데 20세기 초반의 디스토피아에서는 더욱 급진적인 방법이 등장합니다. 올더스 헉슬리의 『멋진 신세계』에서는 생명 탄생 과정이 인간이 정상적인 남녀 관계에서 이뤄지지 않습니다. 실험실에서 대량 생산을 하는 것이죠. 20세기 초반 작품이어서 헉슬리의 소설에는 컴퓨터나 통신기기는 거의 등장하지 않지만, 생물학이나 심리학을 통한 디스토피아 묘사가 많아서 더더욱 작품이 그로테스크한 느낌을 주는데, 헉슬리 집안은 노벨상 수상자도 배출하고, 올더스 자신도 의학 공부를 했었던 만큼 생물학에 대한 식견이 높아서 관련된 묘사가 생생합니다. 또 한가지 주목할만한 것은 예술도, 종교도 말살하는 이 신세계에서 사람들의 불만을 잠재우고 만족감(?)을 주는데 '소마'라는 마약을 사용하고 있다는 점입니다.

그에 반하여 조지 오웰의 『1984』에서는 현재의 컴퓨터, 인터넷, CCTV를 합쳐놓은 듯한 텔레스크린이라는 도구로 사람의 일거수일투족을 감시하고, 문제의 소지가

있으면, 감금하고 고문하는 폭압적인 방법으로 사회 질
서를 유지하려고 합니다. 작품 중간에 등장하는 폭발 장
면이 공포를 극대화합니다.

> 전쟁은 평화
> 자유는 예속
> 무지는 힘

> 그는 25센트짜리 동전을 주머니에서 꺼냈다. 거기에도
> 조그만 글씨로 똑같은 슬로건이 똑똑히 박혀 있었고 그
> 뒷면에는 대형의 초상이 새겨 있었다. 동전에서까지 빅
> 브라더의 눈이 쫓아오고 있었다. … 잘 때나 깨어 있을
> 때나, 일을 하든, 식사를 하든, 집 안에서나 밖에서나 목
> 욕할 때나 침대에 누워 있을 때나… 도대체 그로부터
> 도피할 수가 없었다. 몇 입방 센티미터의 해골 속 외에
> 는 도대체 자기 자신을 찾을 수가 없었다.

> -조지 오웰, 『1984』 중에서

끊임없는 평생 교육을 통해서도, 황홀경을 느끼게
해주는 마약을 통해서도, 그리고 윽박지르고 가두는 폭
압 정치를 통해서도 사람이 그렇게 쉽게 다스려지진 않

을 겁니다.

"유토피아"는 홀로 유토피아일 수 있는가

유토피아에 관한 작품을 보면 매우 흥미로운 사실 한 가지가 있습니다. '전쟁'이라고 하면 인류에게 가장 큰 불행을 가져오는 것인데, 유토피아 대부분은 영원한 평화가 있으리라고 기대하지 않고, 매우 체계적이고 철저하게 전쟁 준비를 하고 있다는 점입니다. 물론 자신들이 주변 국가들에 대해 승리하리라는 확신은 있지만 말입니다.

수도사: 그들은 그럼 누구를 상대로 전쟁을 하는지요? 그렇게 행복하게 사는데, 왜 전쟁준비를 하고 있는지요?

제노바인: 그들이 일정한 적대국이 있어 전쟁준비를 하는 것은 아닙니다. 다만 게으른 자를 없애기 위해, 또한 만일의 사태에 대비하여 무예를 닦고 수렵에 전념하는 것입니다. 그리고 이 섬에는 네 개의 왕국이 모두 '태양의 마을'의 행복을 탐내고 있는데, 사연인즉, 다른 왕국의 국민들도 태양의 마을처럼 살고 싶어 하고 그 당연한 결과로 태양의 마을의 지배를 원하고 있다 합니다.

– 토마소 캄파넬라, 『태양의 나라』 중에서

세계대전 이후에 쓴 20세기의 작품도 마찬가지입니다. 『1984』에서도 이합집산을 통해 세계 여러 나라들은 유라시아, 오세아니아, 이스트아시아 등으로 나눠 전쟁을 계속하였지요. 현실에서는 대부분의 국가들이 그렇습니다만, 전쟁 준비를 하고 또 실제로 전쟁이 일어나기도 하는 나라가 과연 이상적인 곳이 될 수 있을지 의문입니다.

유토피아는 천국이 아닙니다

혹시 마음의 쉼이 되기를 바라던 유토피아 여행이 좀 피곤하시지는 않으셨는지요? 하지만 진정한 여행은 유명한 관광지가 아니라, 재래시장이나 사람 사는 뒷골목 풍경에서 시작하듯 유명한 이상 국가 관련 작품에서 몇 개의 행간을 살펴본 것도 나쁘지는 않았으리라 자위해 봅니다.

우리가 혼동하지 말아야 할 것은 유토피아가 천국이 아니라는 점입니다. 일단 작가가 만들어낸 책상 위의 '구상(構想)'이라는 한계를 생각해 보아야겠습니다. 짧게는 수백 년, 길게는 수천 년 동안 사람들이 해놓은 그 생각의 여정을 살펴보면서, 구상이 실체가 되었을 때 어떤 일들이 벌어졌는지 잊지 말아야 할 필요가 있습니다.

자, 이제 이 땅에 불완전한 유토피아가 아니라 천국이 임하기를 바라며 몇 가지 질문으로 글을 마칠까 합니다. 유토피아 한계의 시작은 지도자의 모습이었습니다. 진정으로 자신을 내어주고 진리를 가져 다른 이에게 전해주실 수 있는 분은 누구실까요? 겉모습뿐이 아니라 사람의 이기적인 마음이 바뀌기 위해서는 어떤 방법이 있겠습니까? 자기 가족만이 아니라 모두를 한 가족, 형제자매로 여기기 위해서는 어떻게 해야하죠? 다른 나라에도 이 행복을 전하기 위해서는 무얼 해야겠습니까? 혼자가 어렵다면 둘 셋이 모인 그 가운데, 그 나라의 통치가 작게라도 시작되기를 바랍니다.

추천 번역 및 함께 읽을 책
1. 플라톤, 박 종현 역, 『국가』(서광사, 2005)

서양 철학의 본격적인 시작이라 할 수 있는, 플라톤의 작품 중에서도 대표작으로 꼽힐 수 있는 작품입니다. 철학, 형이상학, 교육학 등 서양 사상의 근원을 거슬러 좇아가보면 이 『국가』에 맞닿아 있는 경우가 대부분입니다. 박 종현 교수가 헬라어 원전에서 완역한 것으로 원전을 읽지 않는 이상 영역본을 보지 않아도 될 만큼 충분히 가치 있는 번역입니다. 최근에 나온 천병희 역 『국가』(숲, 2013)도 참고할 만한데, 천병희 선생은 대부분의 희랍 라틴 고전을 완역하신 분으로, 가독성이 훌륭합니다.

　2. 토마스 모어, 김 남우 역,『유토피아』(문예출판사,
　　2011)

　'유토피아'라는 말이 시작된 토마스 모어의 대표작
입니다. 서양 고전학을 전공한 역자가 라틴어 원문에서
번역하였고, 각주 및 참고 자료를 보충하였기에, 추천할
만한 번역입니다.

　3. 토마소 캄파넬라, 임 명방 역,『태양의 나라』(이가
　　서, 2012)

　이탈리아 어에서 직접 번역한 완역본으로 40년 전
에 번역한 것이 크게 달라지지 않았기에, 한자어가 제법
있습니다. 뒤에 함께 수록된 캄파넬라의 시집이 그럴 더
욱 잘 엿보도록 해줍니다.

　4. 프랜시스 베이컨, 김 종갑 역,『새로운 아틀란티
　　스』(에코리브르, 2002)

베이컨이 상상한 과학적인(?) 유토피아입니다. 작품에 등장하는 벤살렘이라는 나라에 관한 묘사가 매우 기독교적이라는 것도 흥미롭습니다.

5. 올더스 헉슬리, 이 덕형 역, 『멋진 신세계』 (문예출판사, 2014 2판 재쇄)

역자는 영문학을 본격적으로 시작할 때부터 한국에 잘 알려지지 않은 올더스 헉슬리에 관심을 두었다는 분입니다. 기계문명의 발달과 과학의 진보가 가져올 디스토피아에 대하여 생생하게 느낄 수 있도록 해주는 작품입니다.

6. 조지 오웰, 김 병익 역, 『1984』 (문예출판사, 2006)

『1984』 중에 가장 오래 전부터 널리 알려진 번역입니다. 빅브라더로 알려진 통치자를 '대형(大兄)'으로 번역한 부분을 낯설어하는 경우가 있지만, 전체적으로 무난합니다.

7. 이 인식, 『유토피아 이야기』 (갤리온, 2007)

대중적인 과학서를 많이 쓴 과학문화연구소 이인식 소장의 책입니다. 시대를 따라 이상적인 국가를 그려낸 작품들을 소개하는데, 과학을 많이 다뤄본 작가 답게 디스토피아를 다룬 20세기 작품들도 소개하는 것이 특징입니다. 총 9개의 작품을 다루며, 해당 작품의 본문을 읽을 수 있도록 제공하는 것도 주목할 만합니다.

8. 루이스 멈퍼드, 박 홍규 역 『유토피아 이야기』
(텍스트, 2010)

문명비평가 멈퍼드의 첫 번째 작품으로 그의 평생 사상의 시작이라고 볼 수 있는 책입니다. 20대에 썼다고 하지만 유토피아 사상을 다룬 책 중에 가장 깊이가 있습니다.

7. 뱀같이 지혜롭고
비둘기같이 순결하게

『묵자』

『한비자』

『장자』

말씀을 전혀 들어본 적이 없는 이들에게서도, 지혜를 배울 때가 있습니다. 놀라울 정도로 예수님과 비슷한 이야기를 했던 묵자와 빈틈없는 직장 상사의 지시를 받는 듯한 한비자, 그리고 어디에도 매이지 않고 세상을 노니는 자유를 일깨우는 장자를 살펴봅시다. 때로는 부끄럽고, 때로는 세상의 지혜가 어떤 것인지 배우게 될 것입니다.

다른 사람의 몸 보기를 자기 몸 보는 것 같이하라(視人之身 若視其身)[1]

- 묵자(墨子)

주변을 둘러보면, 예수 믿는 성도라는 것을 다시 돌아보고 부끄럽게 만드는 이들이 간혹 있습니다. 복음을 듣고 새생명을 입은 사람임을 자부하지만 이렇게 이기적인 모습으로만 살아가는데, 말씀을 제대로 알지 못해도, 다른 사람을 위하고 어쩌면 참 예수님의 말씀처럼 이웃을 자신의 몸같이 사랑하는 이들을 보면, 스스로 한없이 작아집니다. 삶의 현장뿐 아니라, 인류 역사상 등장했던 많은 사상가와 작가 중에도, 예수님의 말씀과 상당히 유사한 내용을 이야기하고, 아낌없이 자신의 몸을 바쳐 실천한 이들을 만나게 됩니다. 특별히 중국 제자백가 사상가 중, "묵적(墨翟)" 즉, 묵자가 그런 분입니다.

묵자의 글들을 읽다 보면 예수께서 하신 말씀이 떠

---

1 사람 인(人)은 사람이라는 뜻 외에 '남'이라고 번역해야 될 때가 있습니다.

오릅니다. 누가복음 11장에 심판 때에, 니느웨 사람들은 요나의 말씀을 듣고도 회개했고, 남방의 여왕은 솔로몬의 지혜를 듣기 위해서 그 먼 곳에서 찾아왔다는 것이 듣고도 따르지 않고 회개하지 않는 이들에게 정죄함이 될 것이라 하신 말씀이. 역사상 묵자와 같은 분이 살았다는 자체로 "전혀 복음을 모르는 이도 이런 삶을 살았는데, 그렇게 말씀을 잘 아는 너는 어떻게 살았느냐?" 심판의 때에, 이런 말씀을 듣게 되지는 않을까 두려운 생각도 듭니다.[1]

묵자는 누구인가?

과연 묵자가 누구이기에 제가 이렇게까지 말씀드리는 걸까요? 중고등학교 윤리나, 세계사 시간에 제자백가를 소개하는 가운데, 보통 묵자는 '겸애설(兼愛說)' 주장한 사상가로 간단히 지나갑니다. 정확히 전해 내려오는 그에 관한 인적 사항은 참 적습니다. 묵자의 생몰연대도 정확히 알지 못합니다. 사마천(司馬遷)이 지은 『사기』에는 묵자가 활동한 시기가 공자와 같은 때이거나 그보다 조금 뒤라고 기록하고 있는 정도이지요. 출신 성분도 정확하지 않습니다. 이름조차도, '묵적(墨翟)'이라고 전해지지만

---

1 사람 인(人)은 사람이라는 뜻 외에 '남'이라고 번역해야 될 때가 있습니다.

사실은 그가 받았던 이름에 글자를 새기는 묵형[2]에서 비롯하였다는 견해가 있으니 이름도 정확하지 않고, 다만 그가 목수 출신으로 방어 무기를 발명하고 제작한 과학자요 기술자였다는 점은 분명합니다.

공자와 대비되는 그의 사상

그럼에도 불구하고 지금까지 묵자가 사람들의 입에 오르내리는 이유는 그의 독특한 사상과 삶 때문입니다. 특별히 논리학(論理學)이나, 광학(光學)에 관한 부분까지 그의 저술에 나올 정도로 시대를 앞선 분이고, 논어(論語)를 비롯한 비슷한 시기의 동양 고전들이 대화를 후대에 모아 놓은 것에 반하여, 묵자의 글은 논리적인 흐름이 있어서, 묵자를 중국 최초의 철학자라 평하는 이들도 있습니다.

그러나 묵자의 사상은 공맹의 사상과 비교해 볼 때 나타나는 "겸애설(兼愛說)", "비전론(非戰論)"에서 그 진면목이 드러난다 하겠습니다. 그는 당대에 공자와 쌍벽을 이룰 정도로 가장 두드러진 사상가였습니다. 지금은 동양사상의 주류라고 하면 공맹과 노장사상을 떠올리지만, 그 시절에는 사상의 양대 산맥이 공자의 사상인 유가와 묵자

---

2 고대 중국에서 이마나 팔뚝에 글자를 새기던 형벌.

의 묵가였습니다. 두 사상은 여러모로 대조적입니다. 유가가 주나라 때의 예법을 이상적으로 여겨, 그것을 좇는 "예(禮)"를 강조하지만, 묵자는 유가가 신령한 존재를 믿지 않으면서, 죽은 사람을 위한 예를 강조한 것은 위선이라고 하였습니다. 묵자는 유가(儒家)가 음악을 좋아하거나, 화려한 치장을 좋아한다고 공격하기도 했지요.

조금 단순화시켜서 이야기하자면, 공자와 묵자가 모두 사회 평화와 백성들의 살림살이를 걱정했습니다만, 공자는 지배계급의 시각이었고, 묵자는 더 낮은 자리에 있는 사람들의 시각이었다는 차이가 있습니다. 또한 유교 사상의 '인(仁)'는 자신의 부모를 공경하는 것에서 시작하는 차별적인 사랑임에 반해, 묵가의 '겸애(兼愛)'는 세상의 모든 이들을 차별 없이 사랑하는 것입니다. 바로 여기에서 묵자의 사상은 예수님의 말씀과도 닿아 있습니다.[3]

예수님의 말씀과 묵자의 사상

자 다음의 구절을 한 번 살펴보실까요?

若使天下 兼相愛 愛人若愛其身 惡施不孝

---

3 시기적으로는 묵자가 400년 정도 앞섭니다.

만약 천하로 하여금 모두 사랑하게 하여 '이웃을 네 몸같
이 사랑한다면' 어찌 불효가 있을 수 있겠는가?

이 글을 통해서 묵자의 글을 처음 읽는 분이라 하여
도, 어디선가 본 것처럼 매우 낯익지 않습니까? 위 원문
중 '愛人若愛其身(애인약애기신)'은 "이웃을 네 몸같이 사랑
하라"는 뜻입니다. '視人之身 若視其身(시인지신 약시기신)'
이란 구절의 의미도 비슷합니다. 마태복음 19장을 보면,
한 청년이 와서 어떻게 영생을 얻을까 물어보는 과정에
서 "네 부모를 공경하라, 네 이웃을 네 자신과 같이[4] 사랑
하라 하신 것이니라"고 예수께서 말씀하셨습니다. 묵자의
글이 성경 구절과 거의 같다는 점이 놀랍습니다.

묵자의 사상과 글은 신약성경의 내용과 어느 한 구
절이 비슷한 정도가 아니라, 그 큰 뜻에서 사상적 유사성
을 보입니다. 묵자의 '하느님 사상(天志)'은 기독교에서 말
하는 하늘에 계신 하나님에 대한 내용과 비슷하죠. 우리
가 나 자신이나, 가족만 사랑해서는 안 되는 까닭은 하나

---

4 한글 개역 성경에서는 헬라어의 (ώς σεαυτόν)을 "네 몸과 같이"로 번역했습니다.

님께서 하늘에 계신 "우리" 아버지이기 때문입니다. 구약 성경에서 하나님께서 이스라엘 백성이 하나님의 뜻대로 사는지 중요한 잣대 중의 하나가 고아와 과부, 나그네를 얼마나 잘 돌보는가였습니다. 묵자는 이러한 사상을 그의 천지(天志) 편에서 일관되게 주장하고 있습니다. 고아와 과부의 삶에 대한 언급까지도 나타납니다.

하느님[5]은 무엇은 원하시고, 무엇을 싫어하실까?

하느님은 의로움을 원하시고 불의를 싫어하신다.

그러므로 천하 백성을 이끌고

의롭고자 힘쓰면,

곧 하느님이 원하시는 바를 하는 것이 된다.

내가 하느님이 원하시는 것을 하면

하느님도 역시 내가 바라는 것을 해주신다.

−「천지(天地).상」

然則天亦何欲何惡

天欲義而惡不義

---

5 묵자가 이야기한 천(天)을 곧 하나님으로 바로 연결할 수는 없기에 '하느님'으로 옮겼고, 성경에 나타난 하나님을 지시할 때는 '하나님'으로 언급하고 있음을 밝혀둡니다.

然則率天下之百姓

以從事于義

則我乃爲天之所欲也

我爲天之所欲

天亦爲我所欲

　　위의 구절을 보면, 마치 많은 성도가 암송하고 있는, "그런즉 너희는 먼저 그의 나라와 그의 의를 구하라 그리하면 이 모든 것을 너희에게 더하시리라"(마 6:33) 말씀에 대한 주석과 같은 느낌을 주기도 합니다. 묵자에 따르면 의로움이란 하늘의 뜻을 따라, 이웃을 사랑하고 서로 돕는 것입니다. 묵자는 모든 나라가 다 하느님이 다스리는 곳이요, 또 모든 백성이 하늘의 신하라는 생각을 가졌습니다. 한 나라요, 한 임금을 섬기는 이들이므로 서로 전쟁과 다툼을 그쳐야 한다고 생각했던 것이죠.

이에 하늘아래 크고 작은 나라들은

모두 하느님의 고을이다.

사람은 어리고 나이들고, 귀하고 천하고를 떠나서

모두 하느님의 신하이다.

…

이것으로 하느님의 바라시는 것을 알 수 있는데,

사람이 서로 사랑하고 서로 이롭게 해주기를 바라시며

사람이 서로 미워하고 서로 천대하기를 바라지 않으신다.

今天下無小大國

皆天之邑也

人無幼長貴賤

皆天之臣也

…

是以知天欲

人相愛相利

而不欲人相惡相賤也

– 「법의(法儀)」

실천하는 사상가, 묵자와 그의 제자들

묵자가 독특했던 점은 그의 사상을 이론적으로 설
파하는 것에만 그치지 않고, 실제로 실천하기 위해 애썼
다는 점입니다. 묵가를 이단 사상이라고 경원시했던 맹
자도 묵가는 다른 사람을 이롭게 하기 위해 머리부터 발
뒤꿈치까지 닳아 없어지도록 애를 쓴다는 칭찬을 하였습

니다. 순자를 비롯해 동시대 여러 사상가도 인정한 바였고요, 묵가는 단지 어려운 이들을 돕는 정도를 넘어서, 부당하게 작은 나라를 공격하는 전쟁이 벌어지면 성을 방어하고 공격을 막아낼 수 있는 실질적인 도움을 주는 협객(俠客)들이기도 했습니다.

묵자의 직업은 목수였다지만, 지금으로 말하자면 과학자나 기술자라는 표현이 더 정확합니다. 즉 당시로 첨단 기술에 능숙한 이들이었고, 또 병법에도 능하여 수많은 전쟁이 벌어지던 춘추전국 시대에 꽤 큰 역할을 했다고 합니다. 그리고 묵자 저술의 한 부분이 "비공(非攻)"이라는 제목을 달고 있는 것처럼 그러한 군사적인 도움을 철저히 '방어'적인 것에 제한하여 실천하였습니다. 스스로 목숨 걸고 자신들을 내던져, 약한 이들을 돕고자 했던 마음이 인류역사상 가장 많은 전쟁이 있었다고 하는 중국의 춘추전국시대에도 이러한 일들을 가능하도록 했습니다. 그래서 후대의 학자들은 묵가 집단이 단순한 학파(學派)가 아니라 하느님을 섬기는 같은 신앙으로 뭉쳐 헌신하는 일종의 신앙 공동체였으리라 보기도 합니다.

묵자의 한계

그런데 한 시절, 유가 사상에 필적할 정도로 큰 세력

을 가졌으며, 내부적으로 목숨을 건 헌신으로 똘똘 뭉쳤던 묵가가 역사 속에서 상당히 오랫동안 잊힌 이유는 무엇일까요? 허무하지만 간단한 답이 있습니다. 묵자는 예수님이 아니었고, 묵가의 제자들은 성령 충만함을 입은 사도들이 아니었기 때문입니다.

묵적(墨翟)의 사후 묵가는 세 분파로 나뉩니다. 창시자의 가르침을 어떻게 따르느냐를 가지고 순수파, 절충파, 현실 적용파로 갈라졌습니다. 그리고 차별 없이 사랑한다는 이야기는 나와 상관없는 이들도 가족과 식구 이상으로 섬기고 사랑한다는 말인데, 마가복음 7장에 예수께서 말씀하신 "고르반"의 경우처럼 후대에 오면 도리어 묵자의 가르침이 자신의 부모들을 섬기지 않으려는 핑계거리가 되기도 했습니다.[6]

무엇보다 지배층의 입맛에 맞지 않아서 묵가는 세력을 유지할 수 없었습니다. 낮은 자들의 편에 서고, 또 목숨 걸고 약한 나라 편에서 공격을 막아주는 이런 무리를 그냥 내버려 둘 리 있겠습니까? 그래서 중국 대륙의 통일 이후, 유교가 지배적 이념으로 자리 잡고 묵가는 쇠락

---

6 맹자의 '등문공장구상(滕文公章句上)'을 보면, 묵가였던 이지와 맹자의 대화가 나옵니다. 이 내용에서 순수성과 헌신도(?)를 유지하지 못한 후대 묵가의 모습을 어느 정도 볼 수 있습니다.

합니다. 결정적으로는 묵자의 가르침처럼 절용(節用)[7]하거나, 또 전쟁을 하지 않기에는 인간의 욕심이 너무 컸습니다. 내면에 있는 인간 죄성의 문제가 단지 가르침만으로 해결될 리 만무하기 때문에 오래가지 못했다고 보아야겠습니다. 묵자의 하느님은 종말이나 최후 심판, 새 하늘과 새 땅의 하느님이 아니었습니다. 그 때문에 아마도 유대교의 영향을 받은 아랍이나, 중동 출신의 인물이었으리라는 진지한 견해가 있을 정도로 유대-기독교 사상과 유사함을 보이는 묵자이지만, 우리의 신앙과는 분명히 차이가 있다고 하겠습니다.

우리는 어떻게 할 것인가?

야고보서 말씀은 "혹이 가로되 너는 믿음이 있고 나는 행함이 있으니 행함이 없는 네 믿음을 내게 보이라 나는 행함으로 내 믿음을 네게 보이리라"(약 2:18)라고 전하고 있습니다. 우리에게 주신 하나님의 말씀은 태초부터 지금까지 변함이 없습니다. 인류 역사상 훌륭한 사상가들이 수없이 활동하다가 살았으나, 그들이 주님의 말씀을 대신하지는 못합니다.

---

7 물건을 아껴 쓴다는 말, 묵자 저술의 한 부분이기도 합니다.

하지만 성경 말씀을 받지 않고도, 하나님이 그들에게 주신 일반 지혜를 가지고 거의 예수님의 가르침과 유사한 뜻을 가지고 그렇게 자신을 던져 살았던 이들이 있었다면, 바른 믿음을 가진 우리는 어느 정도의 믿음과 열정을 가지고 살아야겠습니까? 심판자의 자리에 서서 정죄함으로가 아니라 바른 신앙을 예수님 닮은 바른 삶으로 보여주어야 하지 않을까요?

묵자의 『대취』편에는, 성인들이 먼저 해야 할 바는 사람들로 하여금 명과 실이 일치하도록 하는 일(濟聖人小先爲人效名實)이라는 말이 있습니다. 저는 이 말을 조금 바꾸어 전하며 글을 마치고자 합니다. 지금 무엇보다 성도들에게 시급한 것은 우리가 믿고 아는 것과 삶이 일치하도록 하는 일입니다. 표면적 그리스도인이 아니라, 이면적인 마음의 중심까지 참 그리스도인이 되어 삶에서 그 향기가 드러나야 합니다.

묵가를 맹렬히 비난했던 맹자까지도, 묵자의 다른 이들을 위한 삶은 인정하지 않을 수 없었는데, 기독교를 반대하는 이들은 지금 우리의 삶을 뭐라 하고 있습니까? 사람에게 보이기 위해 사는 것은 아니라 하여도, 매일의

삶 가운데 우리 몸을 산제사로 우리가 드릴 합당한 예배[8]
를 바로 드려야겠습니다.

추천 번역

동양고전번역은 본문에 대한 유려한 번역에 못지않
게, 그 해석과 풀이가 어떠한가가 매우 중요합니다. 원문
의 길이는 길지 않아도, 그 의미를 잘 전달해 주어야 하
게 때문입니다.

1. 김 학주 역저, 『묵자』(상)(하)(明文堂, 2003)

동양고전의 여러 번역에 관하여 서울대학교 명예교
수인 김학주 선생의 번역과 해설은 모두 일정 수준을 보
증한다고 할 수 있습니다. 지나치게 독창적이지 않은 교
과서적인 공부를 위해 읽어볼 만한 번역입니다.

2. 기 세춘 역저, 『묵자』(바이북스, 2009)

---

8 롬 12:1의 원문에는 "텐 로기켄 라트레이안 휘몬($\tau\grave{\eta}\nu$ $\lambda o\gamma\iota\kappa\grave{\eta}\nu$ $\lambda\alpha\tau\rho\epsilon\acute{\iota}\alpha\nu$ $\acute{\upsilon}\mu\hat{\omega}\nu\cdot$)"으로 되
어 있어, 합당한 예배, 마땅한 예배로 번역하는 것이 더 적절해 보입니다

묵점 기세춘 선생은 국내에서 묵자 전문가로 이름난 분입니다. 하지만 독학으로 한문과 동양고전을 연구하신 까닭에 지나치게 독창적인 자기 주장이 들어가는 경우가 많습니다. 예수와 묵자 사상의 유사성을 이야기하는 것까지는 좋으나, 동방박사가 묵가(墨家) 중 일파였다는 주장이나, 또한 그와 교류했던 신학자들이 자유주의 신학을 따르는 이들이 많아 걸러서 보아야 할 내용이 많습니다.

참고할 만한 서적 · 영화

1. 김 학주, 『묵자, 그 생애·사상과 묵가(墨家)』(明文堂, 2002)

묵자와 그의 가르침을 따르는 묵가가 단순한 사상의 한 흐름이 아니라, 일종의 종교적 특징을 가지고 있는 집단이었다는 사실을 보여줍니다. 묵가의 생애와 사상적 특징, 주변 나라 및 사상가들과의 관계를 잘 보여줍니다.

2. 임 건순, 『묵자: 공자를 딛고 일어선 천민 사상가』(시대의 창, 2013)

제자백가의 사상이나, 동양고전에 익숙하지 않은 독

자들에게 도움이 되도록 구어체로 서술한 것이 특징입니다. 약 2500여 년 전의 사상가가 현대에도 어떤 가치와 울림이 있는지 잘 전해줍니다.

3. 영화 장 지량 감독, 유 덕화·안 성기 주연, 『묵공』
(2006)

묵자가 가지고 있는 사상의 깊이를 알기는 어렵지만, 그가 가지고 있던 사상의 일면인 '비공'에 대해서 어느 정도 살펴볼 수 있는 한·중·일·홍콩 영화입니다.

쉽게 격분하여
앞뒤 분간 못 하면 망한다
心悁忿而不訾前後者 可亡也
(심연분이부자전후자 가망야)
– 한비, "한비자"

『보라 내가 너희를 보냄이 양을 이리 가운데로 보냄과
같도다 그러므로 너희는 뱀 같이 지혜롭고 비둘기 같이
순결하라』(마 10:16)

예수님의 이 말씀, 모르시는 분은 없겠죠. 하지만 이
세상 가운데 지혜와 순결을 모두 갖추기는 쉬운 일이 아
닙니다. 순결하면, 순진하여 세상의 교묘한 유혹에 빠지
기 쉽고, 지혜로우면 스스로 적극적으로 간교하게 죄짓
는 일에 물들기 쉽습니다. 어쩌면 이리와 같은 세상의 악
한 세력들이 어떻게 삼키려는지 아는 게 더욱 필요하다
하겠습니다. 너무 선악을 구분지어 생각하는 것이 부담
스럽다면, 사람들의 다스림의 원리, 또는 요즘 많이들 좋

아하는 처세술이라 할까요? 그러한 내용들을 그대로 살기 위해서가 아니라, '경계'하기 위해서라도 원리를 알 필요가 있습니다.

험난한 세상을 살아가는 방법을 이야기할 때, 빠지지 않고 등장하는 사상가가 바로 한비, 한비자입니다. 그런데 한비자는 유가(儒家)의 공자, 맹자와 비교하면 우리들에게 상대적으로 덜 알려졌습니다. 어쩌면 그 이름을 처음 들어보는 분도 있을지 모르겠습니다. 특히 조선시대에는 유학(儒學) 사상, 그중에서도 성리학만을 정통으로 생각하고 그 외 제자백가의 여러 사상을 이단 취급하였기 때문에 중국 철학에 특별한 관심이 없었다면, 한비자가 속한 법가 사상을 익숙하게 알기란 쉽지 않을 것입니다.

역사적으로 보면 중국도 겉으로는 통치 이념으로 유학을 내세웠습니다. 하지만 양유음법(陽儒陰法)이라 하여서, 겉으로는 유학을 앞세워도, 실제 나라를 다스리는 원리로 삼은 사상이 한비자가 속한 '법가(法家)'입니다. 중국 최초의 통일국 진나라(秦, 주전 221년 ~ 주전 206년)가 바로이 법가 사상의 토대 위에 세워졌습니다.

한비는 정확히 언제 태어났는지 전해지지 않으나 사마천의 『사기(史記)』에 따르면, 전국시대의 한나라(韓)에서 태어났습니다. 한나라의 공자(公子)였던 한비는 순자(荀子)의 성악설(性惡說)에 심취하여 그의 제자가 되었습니다. 한비자는 '세(勢)'를 장악하여 '법(法)'을 정비하고 '술(術)'로써 신하를 제어하여 부국강병을 위한 인재를 구하도록 왕에게 자신의 이론을 끊임없이 간언하였습니다. 세, 법, 술은 제왕의 도구로써 어느 하나도 폐기할 수 없는 것이었습니다. 한비자는 "세(勢)는 백성의 마음(資)을 얻는 것이다. 현명한 군주는 하늘(天)같이 법제를 시행하고 귀신같이 사람을 쓴다. 하늘과 같은즉 잘못이 있을 수 없고 귀신같은즉 곤경에 빠지지 않는다. '세'가 나아가서 위엄이 세워지면 아무도 거역하지 못한다. 그런 연후에 법을 시행한다"고 하였습니다. 현명한 군주는 세, 술, 법을 이용하여 나라를 다스린다. 이것이 한비자의 강조점입니다.

  그런데 오히려 그의 이론에 흥미를 느낀 사람은 이웃 강국이었던 진(秦)나라 왕, 미래의 진시황(秦始皇)이었습니다. 순자에게 함께 사사한 동문이었던 '이사(李斯)'를 통해 진왕을 소개받게 되고, 그에게 매료된 진왕은 그를 자신의 사람으로 만들려 노력하였습니다. 하지만, 한비를 얻기 위한 회유 및 설득은 실패하였고, 진왕 정은 그를 얻기 위해 한에 대한 침공을 개시하였습니다. 한나라에서는 어떻게든 진의 침략을 막아 보려고 한비를 사신으로 파견하였습니다. 진왕 정은 한비를 만나보고 더욱 그에게 호감이 갔으나, 순자 문하에서 함께 배웠던 이사가 질투합니다. 한비는 감옥에 갇히고, 결국 음독자살로 생애를 마감했다고 합니다.

그의 사상을 개괄적으로 보면 한비는 스승인 순자의 견해를 이어받아 인간은 본질이 사악한 존재이며 교육으로 인간을 교화할 뿐 아니라, 법으로 인간을 통제하기도 해야 한다고 주장했습니다. 또한 각국의 제왕들에게 이상향을 실현하기 위해서는 강력한 제도가 뒷받침되어야 한다고 했습니다. 그의 제자들은 그가 죽은 뒤에 법가라는 학파를 계승해 나갔는데, 이들은 법치주의와 실용주의를 강조하였기에 후대에 송나라 때에 가서는 성리학자들로부터 심한 비판을 받아서도 극소수로 전락하였습니다.

한비자의 제왕학

한비자를 읽어보면 군주와 신하, 백성의 역학관계, 심리와 정세를 생생하게 어찌나 잘 분석했는지 경탄하게 됩니다. 기본적으로 한비자는 일종의 '제왕학(帝王學)'으로 통치자를 위한 사상입니다. 따라서 내용이 군주가 신하, 백성을 어떻게 다스릴까에 관한 내용이 적지 않습니다. 그런데 가볍게 읽으면, 제시하는 방법이 잘 구슬리고, 인격적 감화를 주기를 권하는 내용보다는 신하가 보고한 내용대로 제대로 하였는지, 숨기는 것은 없는지 잘 알아봐라, 그리고 잘못한 일에 대하여 철저히 벌하라는 내용이 대부분입니다. 부정적으로 보자면, 너무 가혹하고, 긍정적으로 보자면 온정주의에 빠지지 말고, 시스템을 갖추라는 말입니다. 다음 내용을 살펴봅시다.

> 총애받는 신하란 지나치게 친숙해지면 반드시 군주 자신을 위태롭게 하고 중신의 지위가 너무 높아지면 반드시 군주의 자리를 빼앗아 갈아치우게 됩니다. 정실 부인과 첩 사이에 등급차가 없으면 반드시 대를 이을 적자에게 위험이 닥쳐올 것이며, 군주의 형제들이 복종하지 않으면 반드시 국가 사직을 위태롭게 할 것입니다.

> 愛臣太親 必危其身, 大臣太貴, 必易主位; 主妾無等, 必危嫡子; 兄弟不服, 必危社稷
>
> 4. 애신(愛臣)

쉽게 말해서, 아랫사람을 너무 친하게 대하면 기어오른다는 의미일까요? 무엇보다 철저한 왕권확립을 강조한 내용으로 보입니다. 그 까닭은 본질적으로 신하는 믿을 수 있는 존재가 아니라는 것이죠. 그래서 다음과 같이 말합니다.

> 좋은 내색도, 싫은 내색도 하지 마라. 그러면 여러 신하
> 들이 그 본바탕을 드러낼 것이다. 신하들이 본바탕을 드
> 러낸다면 군주의 눈이 가려지는 일은 없으리라.

> 去好去惡, 群臣見素, 群臣見素, 則大君不蔽矣

7. 이병(二炳)

> 이를 좋아하고 해를 싫어함은 모든 사람의 성향이다. 상
> 이 후하고 틀림없으면 모든 사람이 적을 가볍게 여기며
> 형벌이 중하고 확실하면 모든 사람이 도망치지 않는다.

> 好利惡害, 夫人之所有也。賞厚而信, 人輕敵矣; 刑重
> 而必, 失人不北矣。

37 난이(難二)

글쎄요. 전제정치 하의 제왕학으로 보면 이해가 갑
니다. 그리고 현대의 기준에서도 이렇게 경영을 하면 어
느 정도 성과가 있겠죠. 하지만 내가 군주가 아니라 이런
나라에 사는 백성이라면 참 불행하지 않을까요? 한 번 다

음에 한비자가 소개하는 사용할 술책 일곱 가지를 더 살펴보시지요.

군주는 사용해야 할 술책이 일곱 가지가 있으며 살펴볼 여섯 가지 기미가 있다. 일곱 가지 술책이란 첫째, 많은 증거를 모아 대조해 보는 일이다. 둘째, 죄인을 필히 벌하여 위엄을 세우는 일이다. 셋째, 공적 있는 자를 반드시 상 주어 그 재능을 충분히 발휘하게 하는 일이다. 넷째, 하나하나 말을 들어서 그 실적을 추궁하는 일이다. 다섯째, 고의로 의아한 명령을 내리고, 거짓으로 일을 시켜보는 것이다. 여섯째 알면서도 모르는척하며 질문하는 일이다. 일곱째, 말을 일부러 뒤집어 거꾸로 해보이는 일이다. 이 일곱 가지야말로 군주가 사용하여야 할 일이다.

主之所用也七術, 所察也六微, 七術: 一曰衆端參觀. 二曰必罰明威. 三曰信賞盡能. 四曰一聽責下, 五曰疑詔詭使. 六曰挾知而問, 七曰倒言反事, 此七者, 主之所用也

정말로 임금이 이렇게 신하를 부린다면 꼼짝 못하리라는 생각이 듭니다. 지금 우리에게도 적용해 봅시다.

내가 상사가 되어 저렇게 조직을 끌어 나가는 입장이라면 꽤 좋은 방법일지도 모르겠습니다만, 나는 상사가 아니라 하급자고, 내 상사가 이렇게 부하 직원을 이렇게 대하는 분이라면요? 그리고 정말로 만에 하나 우리 담임목사님이 부교역자를 이렇게 대하는 분이라면 어떻겠습니까? 내버려 두는 것보다 소위 성과가 더 나올 수는 있을 거 같습니다만, 숨이 막혀 어디 살겠습니까.

한비자의 사상은 나라가 너무나 우습게 세워지고 망하고 하는 군웅할거(群雄割據)의 시대에서 나왔다는 점을 먼저 생각하고, 혼란을 수습하고 왕권을 확립하는데 강조점이 있음을 먼저 생각해야겠습니다.

한비자의 탁월한 비유

또한 한비자를 보면 그가 훌륭한 통치술(?)을 제시하고 있을 뿐 아니라, 지금 우리도 사용하는 생명력 있는 탁월한 비유를 많이 사용했던, 비유의 달인이었음을 알 수 있습니다. 영화제목으로도 사용되었던, '역린(逆鱗)'이라는 말을 들어보셨을 것입니다. 이 표현도 한비자 '세난편(說難篇)'에 나오는 것으로, 다음과 같은 이야기가 적혀 있습니다.

무릇 용이란 짐승은 길들여 탈 수 있다. 그런데 그 턱밑에 직경 한 자 정도의 거꾸로 박힌 비늘(逆鱗)이 있다. 만일 사람이 그것을 건드리면 반드시 그 사람을 죽이고 만다. 군주에게도 마찬가지로 역린이 있어서 설득하는 자가 능히 군주의 역린을 건드리지 않는다면, 그 설득이 어느 정도는 가능할 것이다.

夫龍之爲蟲也，柔可狎而騎也，然其喉下有逆鱗徑尺，若人有嬰之者則必殺人。人主亦有逆鱗，說者能無嬰人主之逆鱗，則幾矣。

즉 권세를 가진 자에게 이야기할 때에 자기를 신임하는 것 같다고 함부로 말해서는 안되며, 절대 말해서는 안될 부분, 조심해야 할 부분이 있음을 잘 지적한 것이지요.

그리고 한비자는 적절한 때에 사용하기 좋은 이야기의 보고(寶庫)이기도 합니다. 물질적인 풍부함이나 화려함만을 추구하는 세태에서 꼭 생각해보아야 할 고사 하나를 소개하겠습니다. 22편 설림 상 24에 나오는 이야기입니다.

주(紂)가 상아로 젓가락을 만들자 기자(箕子)는 불안해하였다. 생각하기를 '상아젓가락이라면 반드시 질그릇에 국을 담아 먹지 못할 것이므로 반드시 서각(犀角, 무소뿔)이나 옥그릇을 사용해야 할 것이다. 옥그릇이나 상아 젓가락이라면 결코 콩잎국을 담을 수는 없으므로 반드시 털 긴 소나 코끼리나 어린 표범 고기라야만 될 것이다. 털 긴 소나 코끼리나 어린 표범 고기라면 반드시 짧은 베옷을 입거나 초가 지붕 아래 살 수 없으며 반드시 비단옷을 겹겹이 입고 고대광실이라야만 될 것이다. 여기에 걸맞는 것을 구한다면 천하가 부족하리라고 하였다. 성인은 미미한 움직임을 보고서 그 싹을 알며 일의 실마리를 보고 그 끝을 안다. 상아 젓가락을 보고 불안에 떤 것은 천하를 다 가진다해도 부족할 것을 알기 때문이었다.

紂爲象箸而箕子怖, 以爲象箸必不盛羹於土鉶, 則必犀玉之杯, 玉杯象箸必不盛菽藿, 則必旄象豹胎; 旄象豹胎必不衣短褐, 而舍茅茨之下, 則必錦衣九重, 高臺廣室也, 稱此以求, 則天下不足矣, 聖人見微以知萌, 見端以知末, 故見象箸而怖, 知天下不足也

별것 아니라고 받아들였다간, 결국 나라 망하게 만

드는 일에 대한 경고를 잘 이야기하지 않았습니까? 한비
자는 나라를 강하게 하는 방법 뿐 아니라, 어떻게 하면 망
하는지에 대해서도 깊은 관심이 있었습니다.

한비자가 말하는 망할 징조

한비자 '망징(亡徵)' 편으로 나라 망할 징조에 대해 아
예 일부분을 할애했습니다. 여기에서는 나라가 망할 징조
를 마흔일곱 가지로 나누어 말하고 있는데, 한비자의 이
이야기는 탁상공론으로 머리에서 나온 사상이 아니라, 나
라가 사라지고 세워지는 일이 수시로 벌어졌던 전국시대
말기의 상황이 반영된 것입니다. 풍부한 '임상(臨床)'을 잘
관찰하고 정리한 내용이라는 말씀이지요. 지면 관계상 모
두를 소개하지는 못하고, 그 중 일부로 열 가지만 소개하
려 합니다. 기본적으로 모든 문장의 주어는 '군주(君主)'입
니다만, 자기 자신에게 적용해 보아도 좋겠습니다. 지나
치게 길어져 한문(漢文)은 생략합니다.

- 귀족의 자제들은 공허한 변설만을 좋아하며 상인들
  은 재화를 국외에 쌓아두고 서민들은 의뢰심이 강할
  경우 그 나라는 멸망하게 될 것이다.

• 지위의 높낮음으로 그 의견을 청취하고 실제 증거를 대조하여 일을 살펴보려 하지 않으며 한 사람만을 중시하여 창구로 삼는 경우 그 나라는 멸망하게 될 것이다.

• 마음이 해이해져서 일이 이루어지지 않고 유약하여 결단이 부족하고 좋고 싫은 매듭이 없고 확고한 자세가 서있지 않을 경우 그 나라는 멸망하게 될 것이다.

• 고집이 세서 남과 화합하지 못하고 간하는 말을 거슬러 남을 이기고 싶어 하며 사직을 돌보지 않고 경솔하게 자만심이 강할 경우 그 나라는 멸망하게 될 것이다.

• 무슨 일이든 겁이 없고 잘못을 뉘우치지 않으며 나라가 혼란한데도 자기 자랑만 하고 나라 안의 자원이 얼마인지 헤아리지 않고 이웃 나라 적을 가볍게 여길 경우 그 나라는 멸망하게 될 것이다.

• 나라가 작은데도 겸손하지 않으며 무례한 태도로 큰 이웃 나라를 넘보며 탐욕스럽게 고집 피우고 외교가 서투를 경우 그 나라는 멸망하게 될 것이다.

• 군주가 중신들에게 굴욕을 가하고 그들을 버릇없게 대하며 서민을 엄히 처벌하고 무자비하게 혹사하며 분노를 안기고 치욕을 잊지 않게 하면서도 측근에 그를 오래도록 둔다면 역적이 나올 것이며 역적이 생길 경우 그 나라는 멸망하게 될 것이다.

• 차분하지 못하고 마음이 거칠고 경박하여 일을 일으키기 쉽고 쉽게 격분하여 앞뒤를 분간 못할 경우 그 나라는 멸망하게 될 것이다.

• 태자가 격이 높아 잘 알려지고 따르는 무리가 세력이 강하며 큰 나라와의 교제가 활발하여 그 위세가 일찍부터 갖추어져 있을 경우 그 나라는 멸망하게 될 것이다.

• 권세가 귀족의 가신들은 등용되지만 공을 세운 장수의 자제들은 배척당하고 시골 마을의 작은 선행은 표창받으면서 관직의 공로는 무시당하며 개인의 행동을 중시하고 공적인 업적을 경시할 경우 그 나라는 멸망하게 될 것이다.

제가 한비자를 읽으면서, 가장 압권으로 느낀 것이 바로 이 '망징(亡徵)' 부분입니다. 쉽게 말해 나라가 '망할 징조'를 모아 놓은 글들이죠. 법가의 사상을 단지 제왕학이나, CEO가 되기 위한 처세술 정도로 깎아내릴 수 없는 이유도 여기 있습니다. 이 망징을 보면서 가슴 아픈 이유는 한비의 글에서 망해가는 중국의 한 나라가 보일 뿐 아니라, 지금 우리와 나 자신의 모습이 얼핏 보이기 때문입니다. 나라뿐 아니라 교회들까지도요.

한비자, 법가 사상의 한계

법가 사상에 있어 상앙의 "상군서"와 한비자 사상의 핵심을 요약하자면 "인간은 본질상 악하다. 믿지 마라." 정도가 아닐까 합니다. 잘 대해주고, 교육한다고 사람이 잘 변하지 않으니, 통치자의 입장에서는 법을 세워서, 현대적으로 말하자면 "시스템을 갖춰서 통치하라"는 것이 법가 사상의 중요 내용 중 하나입니다.

인간 본질이 악하다는 면을 지적하는 것은 성경과 한비자의 사상이 같습니다. 하지만 그 악한 마음을 어떻게 다스릴 것인가, 혹은 변화시킬 것인가의 견해가 다른 것이지요. 사상의 이름이 "법가(法家)"인 것처럼 법가 사상의 해법은 우리가 잘 아는 '율법적 해결'을 닮았습니다. 사람의 악을 눌러야 나라를 잘 다스릴 수 있다는 말입니다. 게다가 법가 사상은 여러 백성 모두를 위한 사상이라기 보다는, 한 사람 군주를 위한 통치철학이라고도 할 수 있을 것입니다. 물론 근본적으로 한 통치자의 권한이 강해야 백성들도 살기 좋게 되고 백성과 소통하지 못하는 군주는 오래가지 못한다는 사상을 가지고 있지만 말입니다.

하지만 군주 자신도 완전한 인간일 수 없고, 본질적으로 악하므로, 다른 사람을 통제한다고 문제가 해결되지 않습니다. 한비의 주장에 물음표가 진하게 찍히는 부분도 여기 있습니다. 신하만이 아니라 군주도 자신의 이득을 따라 움직이는 존재라면, 언제라도 제대로 세워진 법을 무너뜨리거나 부국강병(富國强兵)의 장애가 될 수 있지 않을까요? 그리고 악을 누른다고 얼마나 통제가 되겠습니까? 한계를 넘으면 폭발하여 도리어 악이 창궐하게 되지 않을까요? 법가사상을 통치철학으로 받아들인 진나라가 당시에는 군주가 절대 권력을 자랑하고 나라는 중국을 통일할 정도의 힘을 갖췄지만, 국운이 오래 지속되지 못했다는 점에서도 한계를 알 수 있겠습니다.

그런데, 저는 한비자를 읽으면서 자꾸 우리 교회의 모습이 떠오르는 것을 지울 수 없었습니다. 혹시 교회의 모습이 소수이든지 어떤 한 사람에게 모든 힘이 집중된 그런 전제국가와 같은 모습이 아닐까요? 그리고 그래야 목회가 잘 되고 교회가 부흥할 수 있다 생각하고 말입니다. 하지만 그것은 "망할 조짐"입니다. 여기서 건강한 당회, 노회에 관한 이야기를 하면 말이 길어질 테고 저의 영역은 아니라 생각되니 그 부분은 다른 분들에게 넘기겠습니다.

그런데 정말 사람의 죄와 악을 다룰 수 있는 것은 무엇일까 생각해 봅시다. 한 사람에게 집중된 절대 권력일까요?

> 예수께서 이르시되 이방인의 임금들은 그들을 주관하며 그 집권자들은 은인이라 칭함을 받으나 너희는 그렇지 않을지니 너희 중에 큰 자는 젊은 자와 같고 다스리는 자는 섬기는 자와 같을지니라 앉아서 먹는 자가 크냐 섬기는 자가 크냐 앉아서 먹는 자가 아니냐 그러나 나는 섬기는 자로 너희 중에 있노라 (눅 22:25-27)

우리의 참 임금이신 예수께서는 그의 나라를 어떻게 다스리십니까? 우리가 이 땅에서도 천국을 누리고 교회가 날이 갈수록 부흥하는 비결은 분명히 거기에 있을 것입니다.

추천 번역

1. 한비, 이 운구 역, 『한비자』 1, 2권(한길사, 1판 10쇄
   2012년)

제대로 된 한비자 최초의 완역본으로, 유려한 해석
과 한자 단어에 대한 풀이도 많은 도움이 됩니다. 완역본
으로 한비자를 제대로 읽기 원하시는 분들에게는 이 번
역을 권합니다.

함께 읽을 책

1. 왕 핑빈 지음, 황 효순 옮김 『한비자: 제왕이라면
   누구나 읽어야 할 정치학 교과서』(베이직북스, 2012)

한비자 사상을 체계적으로 잘 정리한 책으로, 실제
적인 정치적 적용에 있어서 조조, 제갈량에서 주원장, 장
거정, 옹정제, 건륭황제 등 많은 역사적 예시를 제공하여,
법가 사상의 핵심은 무엇이며 그 약점이 어떻게 극복되
었는지를 잘 보여줍니다. 또한 관리와 마케팅에 적용하
는 한비자의 사상까지 살펴 통시적인 이해에도 많은 도
움을 주는 해설서 입니다.

2. 가이즈카 시게키, 이 목 역 『한비자 교양강의』
(돌베개, 2012년 초판1쇄)

돌베개의 교양강좌 시리즈는 동양고전에 대한 이해 하는데 적지 않은 도움을 줍니다. 한비자의 사상이 어떤 것인지, 그 맥을 잡는 데 도움이 됩니다. 전체 길이의 절 반 정도를 한비의 전기에 관한 내용을 다루고 있어서, 원 전으로 들어가기 전 그의 인간적인 면모를 파악하도록 하며, 영향을 준 사상들에 대해서도 비교적 자세히 다루 고 있습니다.

3. 상앙, 우 재호 역, 『상군서』(소명출판, 2005년)

한비자보다 약간 선대의 법가 사상가라 할 수 있는 상앙의 저서입니다. 한비자와 비교하여 공통점과 차이 점을 비교하여 읽으면 도움이 될 것입니다. 그의 의견에 따르면 나라에서 형벌을 철저히 시행하여, 형벌이 9, 상 이 1이 될 때 나라가 강해집니다. 그 "예(禮)"를 따르기 보 다는 백성을 이롭게 할 수 있다면 예전과 다르더라도 강 한 "법"을 세우는 것이 중요하며, 백성들은 학문이나, 상 업적인 행위들은 멀리하도록 하고 황무지를 개간하는 농

업과 전쟁에 집중하도록 하는 것이 나라를 부강하게 하는 필수적인 길이라고 제시합니다. 진나라가 중국 최초의 통일 국가가 되었다는 점을 보면, 주변 나라들이 정비되기 전에, '변법' 등의 방법으로 빨리 국가의 기틀을 마련한 이런 방법은 매우 효과적이었습니다.

조금 아는 것(小知)으로
많이 아는 것(大知)을 헤아릴 수 없다

— 장자, 『장자(莊子)』

동양 고전을 읽을 때, 대체로 먼저 시작하는 책은 공자의 『논어』(論語)나 추 적의 『명심보감』(明心寶鑑)입니다. 아무래도 우리에게 익숙한 사상이 다른 제자백가보다는 유가(儒家)이기에 그렇습니다. 물론 충분히 훌륭한 책이고, 자신을 돌아보는데 필요한 내용들이 많지만 조금은 제도권 중심의 수양으로 느껴지기도 합니다. 제대로 깊이 살펴보지 않는 이상 '자유로움'을 발견하기는 쉽지 않습니다. 그러면 가장 규모나 다양함에서 진정한 자유를 보여주는 동양 고전은 무엇일까요? 『장자』((莊子)가 아닐까합니다. 무엇보다 장자는 재미있습니다. 하지만 또한 그 가운데 헤아릴 수 없는 깊이가 있습니다.

우리나라에 전통적으로 크게 영향을 미쳤던 동양 사상은 유(儒), 불(佛), 선(仙)이라 하지 않습니까? 그중에 선에 속하고, '도교'라 불리기도 하는 사상이 바로 노장사상입니다. 장자는 노자와 더불어 '노장사상(老莊思想)'이라 부릅니다. 노자의 사상은 『도덕경』에서 살펴볼 수 있고, 장자는 그 이름과 같은 바로 『장자』라는 책에서 읽을 수 있습니다. 물론 최근에는 둘 사이의 공통점보다는 차이점에도 많이 주목하고 있습니다. 이 노장사상, 도교(道敎, Taoism)는 엄격히 말해, '도가 사상'과 '도교 신앙'으로 나눌 수 있습니다. 도교 신앙이 육체적인 장생불사를 우선시 하는 지극히 현세적인 종교적 성격이라면, 도가 사상은 인간의 내면적 초월과 자유를 추구합니다.

장자는 대략 주전 369~286년 정도에 살았던 사람입니다. 그의 생애는 중국 전국시대(戰國時代)로 인류 역사상 가장 많은 전쟁이 있었던 혼란시기였습니다. 어쩌면 지극히 복잡하고 한치 앞을 내다볼 수 없는 시대적 배경이 도리어, 무엇인가에 매이지 않은 '자유'를 이야기하도록 만들었을 것입니다. 현대에 장자 사상이 다시 주목받는 이유도 빠르게 변화는 환경과 지나치게 세분되고 복잡해지는 사회가 장자의 시대와 유사하기 때문입니다.

장자가 말하는 자유

장자는 '훨훨 자유롭게 노닐다'는 의미인 '소요유(逍遙遊)'로 시작합니다. 그런데 여기에 등장하는 엄청난 규모가 놀랍습니다. 또한 어느 것에 제한받지 않고 '변신'하는 장자의 서술이 등장합니다. '곤'이라는 물고기가 '붕'이라는 새로 변하는데, 여기에서 장자는 존재에도 매이지 않는 '자유'를 말하고 있습니다. 이런 내용은 사실 우리가 잘 때 꿈꾸거나 어린이들의 상상에서 흔히 등장하기도 하죠.

> 북쪽 바다에 한 물고기가 있으니, 이름은 곤(鯤)이다. 그 크기가 몇 천 리인지 알 수가 없다.
> 이것이 변하여 새가 되니 이름이 붕인데, 붕의 등도 넓이가 몇 천리인지 알 수가 없다.
> 온 힘을 다해 날면 그 날개가 하늘에 구름이 가득한 것 같다. 이 새는 바다가 움직이면 남쪽 바다로 날아가는데, 남쪽 바다는 '하늘 못(天池)'을 말한다.
>
> – 소요유(逍遙遊)

장자는 왜 이렇게 변신과 큰 규모를 말할까요? 여행을 가서 엄청난 큰 규모의 자연, 피조물 앞에서 서면 아등바등 살았던 모습이 초라하게 느껴지고 마음이 한결 탁 트이는 느낌이 듭니다. 그리고 내가 움켜쥐고 있는 것이 사라질까 마음 졸이고 있는데 장자의 이런 이야기는 다 부질없음을 깨닫게 해줍니다. 창조 신화와 같은 이야기도 등장합니다.

남해의 제왕은 숙(儵)이고, 북해의 제왕은 홀(忽)이고, 중
앙의 제왕은 혼돈(渾沌)이었다. 숙과 홀이 때때로 혼돈의
땅에서 함께 만났는데, 혼돈이 이들을 위해 융숭히 대접
했다. 숙과 홀은 혼돈의 은혜에 보답하기 위해 함께 상의
했다. "사람은 모두 7개의 구멍이 있어 보고 듣고 먹고 숨
을 쉬는 데 사용하지 않소? 혼돈만 유독 구멍이 없으니
시험 삼아 구멍을 뚫어 줍시다!"하루에 구멍을 하나씩
뚫었는데, 7일 만에 혼돈이 그만 죽고 말았다.

                                               – 응제왕(應帝王)

중국 신화에서 비롯된 이야기를 창세기와 비교하기
에는 무리가 있지만, 질서의 세계가 나오기 전에 '혼돈'이
있었고, 거기에서 만물이 비롯되었다는 이야기는 흥미롭
습니다. 물론 창세기는 당시 고대 근동 신화와도 구별되
어 어떤 피조물도 '신격화'되어 나타나지는 않는다는 점
은 꼭 기억해야겠습니다.

동물에게 배우라

또한 장자가 재미있는 이유는 동물을 등장시켜, 깊은

지혜를 쉽게 전달한다는 점 때문입니다. 성경에도 "개미에게 가서 배우라"는 말씀이 있지만, 장자도 마치 이솝 우화처럼 동물에 빗대어 인생사의 지혜를 깨닫게 합니다. 그 유명한 조삼모사(朝三暮四)의 고사도 장자에 나오는 이야기입니다. 사람들은 스스로 만물의 영장이라 하지만, 미물보다도 못한 인간의 어리석음을 보여주기에, 동물이 등장하는 이야기는 여러 가지를 생각하게 합니다.

하루는 매미와 작은 비둘기가 남쪽 바다로 날아가는 대붕을 비웃으며 이같이 말했다. "우리는 결심하고 한번 날면 느릅나무나 다목나무까지 갈 수 있다. 어쩌다가 가끔 이르지 못해 땅에 곤두박질하는 때가 있기는 하지만, 붕은 무슨 까닭에 구만리 하늘을 날아 멀리 남명까지 가려는 것일까?"

가까운 들판에 나가는 자는 세 끼니 밥만 먹고 돌아와도 아직 배가 부르다. 그러나 백 리 길을 가는 자는 전날 밤 양식을 미리 찧어 준비해야 하고, 천 리 길을 가는 자는 석달 전부터 양식을 모아 미리 준비해야 한다. 어떤 두 미물이 대붕의 뜻을 어찌 알겠는가? 조금 아는 것으로 많이 아는 것을 헤아릴 수 없고, 짧은 삶으로 긴 생애를 헤아릴 수 없다.   - 소요유

사람들이 큰 뜻을 헤아리지 못하고, 도리어 지혜로운 사람을 비웃을 때가 얼마나 많습니까? 다른 사람을 비웃었지만, 사실은 겸손하고 지혜로운 사람을 헤아리지 못했음을 알게 될 때 얼마나 부끄러워질까요? 부끄러움을 느낄 수 있다면 그래도 좀 나은 상태이겠지만요. 말 그대로 우물 안 개구리죠. 그런데 이 '우물 안 개구리'라는 표현도 실은 장자에 나오는 말입니다.

> 우물 안 개구리에게 바다에 관한 얘기를 해줄 수 없는 것은 이들이 머무는 곳에 얽매여 있기 때문이다. 여름날 곤충에게 얼음 이야기를 해줄 수 없는 것은 이들이 사는 시기가 제약되어 있기 때문이다. 한쪽으로 치우친 마음이 바르지 않은 선비(曲士)에게 도에 관한 얘기를 해 줄 수 없는 것은 이들이 자신이 알고 있는 지식에만 속박돼 있기 때문이다.
>
> ─ 추수(秋水)

스스로 천하의 영화와 아름다움이 자기에게 모인다고 자랑하던 황하의 신(神) 하백(河伯)이 북해(北海)의 신 약(若)을 만나 스스로 초라함을 느끼고 깨달음을 얻자, 북해의 신이 해준 말입니다. 즉 바다가 강에게 해주는 말이죠. 어떠한 분야이든 스스로 우쭐대는 이들은 제대로 된 상대를 아직 만나지 못한 우물 안 개구리여서입니다. 그 래서 스스로 지혜롭다 여기는 이들은 거꾸로 미련한 자가 되는 것 아닐까요?

네가 스스로 지혜롭게 여기는 자를 보느냐 그보다 미련한 자에게 오히려 희망이 있느니라. (잠 26:12)

혼자 떨어져 잘난 사람은 없다

어느 날 장주가 나비가 된 꿈을 꾸었는데, 훨훨 날아다니는 나비가 되어 유유자적 재미있게 지내었지만 자신이 장주임을 알지 못했다. 문득 깨어 보니 다시 장주가 되었다. 장주가 나비가 되는 꿈을 꾸었는지 나비가 장주가 되는 꿈을 꾸었는지는 알 수 없다. 장주와 나비 사이에 무슨 구별이 있기는 있을 것이다. 이런 것을 일컬어 '사물의 변화(物化)'라 한다.　　　　　　－ 제물론(齊物論)

장자 중에는 또 '호접몽(胡蝶夢)'으로 알려진, 나비의 꿈이 유명합니다. 위의 이야기는 많이 들어보셨을 것입

---

1 원문에 물화로 되어있는데, 해석상 변화로 옮긴 것으로 한자가 틀린 게 아닙니다.

니다. 호접몽은 인생의 무상함이나, 여러 가지로 깊이 생각해볼 수 있는 주제이지만, 저는 홀로 떨어진 사람은 없고, 모든 것이 다 연결되고 관계가 있다는 말로 보고 싶습니다. 또한 우리 주변에 있는 것들이 보는 그대로가 아니라 끊임없이 변한다는 사실도 일깨워 주지요.

조금 더 전개하자면, 장자는 나쁜 일이라 해서 전적으로 나쁜 일인 것만은 아니고, 또 좋은 일이라 해서 꼭 좋은 것만 아니라는 점도 보여주지요. 다음의 고사(古事)가 잘 보여줍니다. 몸이 불편하지만, 도리어 생명을 보전하고 어느 정도 먹고 사는 것도 보장해주는 '지리소'라는 사람의 이야기입니다.

시선에서 자유로워라

'지리소'라는 곱추는 턱이 배꼽에 닿고, 어깨가 정수리보다 높고, 상투가 하늘을 향하고, 내장이 위로 올라갔으며, 두 넓적다리가 옆구리에 닿아 있었습니다. 바느질을 하고 빨래를 하면 혼자 먹을 것은 충분히 벌고, 키질을 해 쌀을 까불면 열 식구 먹을 것은 충분히 벌었습니다. 나라에서 군인을 징집할 때도 두 팔을 걷어붙이고 사람들 사이를 다녔고, 나라에 큰 일거리가 있어도 성한 몸이 아니라 언제나 면제를 받았습니다. 병자들에게 곡식을 배급하면 세 종류의 곡식과 장작 열 단을 받았습니다. 이처럼 외모가 완전하지 못한 이도 몸을 보존하고 천수를 다하는데, 하물며 그 덕이 별 볼 일 없는 사람이겠습니까?

– 인간세(人間世)

덕이 별 볼 일 없다는 것은, 특별히 탁월한 사상체계나 지성이 없고 평범하다는 말입니다. 이 표현은 사실 인위적인 '덕'을 강조하는 유교 사상에 대한 장자의 비판입니다. 글을 많이 읽어, 학문이 뛰어나다고 꼭 훌륭하지는 않으며, 그저 평범하게 탁월한 덕이랄 게 없다 할지라도 도리어 그것이 자신의 몸을 보존하고 목숨을 부지하는데 도움이 될 수 있다는 말입니다. 자유로운 삶은 자족하는 삶과 연결이 되고요.

달인의 자유, 소명(召命)의 자유

포정(庖丁)이라는 훌륭한 요리사가 문혜군을 위하여 소를 잡았다. 손을 대고, 어깨를 기울이며, 발을 디디고 무릎을 굽히는데, 그 소리가 설컹설컹, 칼 쓰는 대로 설뚝설뚝, 완벽한 운률, 모용곡 "뽕나무 숲"에 맞춰 춤추는 것

같고, 악장(樂章) "다스리는 우두머리(經首)"에 맞춰 춤을
추는 것 같았습니다.　　　　　　　　　　　　　－ 양생주(養生主)

　　문혜군이라는 높은 지위에 있는 사람이, 가장 낮은
지위에 있는 백정에게서 도(道)를 깨우친다는 것이 무엇
인지 깨닫게 되는 장면입니다. 지면 관계상 이야기를 전
부 옮길 수는 없지만, 이 포정이 어떻게 자신이 하는 일에
서 19년 동안 '도'를 깨우치게 되어 달인이 되었는지, 왜
그가 소를 잡고 해체하는 일이 마치 멋진 춤사위처럼 보
이고, 소리가 음악 소리처럼 들리는지 묘사하고 있습니다.
　　여기에서 저는 사람들에게 필요한 진정한 직업윤리
를 생각하게 됩니다. 꼭 그 직업을 통해 재물을 많이 모으
지 않아도, 알아주는 사람이 많지 않아도 부르심에 충실
하게, 기쁨으로 감당하는 사람! 그가 진정 행복하고 자유
로운 이 아닐까요? 아무리 부유해도, 일에 치여 '내가 왜
이러고 사나?'든지, 아니면 다른 이들이 알아주지 않는다
고 '내가 여기 있을 사람이 아닌데….'라는 생각에 빠져 산
다면 결코 행복하다 말할 수 없겠죠.

진리가 너희를 자유롭게 하리라
　　장자는 처세에 관한 이야기로 많이 읽는 동양 고전

중에서도 독특한 위치를 차지합니다. 요즘 유행어를 빌자면, 복잡한 삶을 사는 이들에게, '아이고 의미 없다'는 깨달음을 준다고 할까요? 그런데 여기에 장자의 가장, 큰 장점이자 또한 약점이 있습니다. 자칫하면 자족을 넘어서, 은둔과 도피로 빠질 수 있습니다. 장자의 사상이 지극히 개인적이고 현실(?)적인 불로장생의 종교적 도교로 흐르게 된 점도 그 사실을 보여줍니다.

참 진리를 모르는 자도, 작은 것에 매이는 것이 얼마나 우스운 일인가 잘 말해 주었는데, 아는 자는 어떻게 살아야할까 거울로 삼았으면 합니다. 하루하루를 살아간다는 일이 만만치는 않지만, 매일 내려주시는 만나의 역사를 믿는다면 오늘 우리에게 있는 것을 고집하지 않고 나누는 자유도 누릴 수 있지 않을까요?

"하나님이 참으로 땅에 거하시리이까! 하늘과 하늘들의 하늘이라도 주를 용납하지 못하겠거든 하물며 내가 건축한 이 성전이오리이까!(왕상 8:27)" 이 솔로몬의 고백처럼, 하나님께서는 하늘들의 하늘에도 용납할 수 없을 분이라는 것을 분명히 안다면, 건물이나 외향적인 조건들 때문에 속박되지는 않겠죠. 하나님을 모르는 장자도 구만 리 나는 대붕을 이야기했는데, 우리가 그 사실을 놓쳐서는 안 되겠습니다.

광대하신 하나님을 섬기며, 왜 그렇게 좁은 마음으로 얽매여 살아가고, 부활의 주님을 말하며 왜 그렇게 실패를 두려워하며 살아갈까요? 장자의 이야기를 엿보며 더욱 부끄러워집니다.

추천 번역

1. 장자, 김 학주 옮김,『장자: 절대적인 자유를 꿈꾸다』(연암서가, 2010)

동양 고전에서 김 학주 교수(전 서울대 중문과)의 번역은 어떤 책이든 일정 이상의 번역과 해설을 기대할 수 있습니다. 이 번역도 마찬가지로, 단순히 일화 위주가 아닌 원전을 살펴보는데 도움이 되는 각주와 충실한 번역이 추천할 만합니다.

2.『장자』, 신 동준 옮김 (인간사랑, 2012)

왕성한 동양고전 번역을 보이는 신 동준 박사의 장자 완역입니다. 번역이나, 풀이 내용이 매우 충실합니다. 고전 보급을 위해 저렴한 가격에 출간하는 올재 클래식에서도 신동준의 장자가 나왔는데, 인간 사랑의 장자와 같은 내용입니다.

3. 『장자』, 오 강남 풀이, "장자: 우주와 인생의 깊은 뜻"(현암사, 2012)

오 강남 교수는 비교종교학자로, 『예수는 없다』라는 책 때문에 기독교인들에게는 좀 안 좋은 기억으로 남아 있을지 모르겠습니다. 하지만 이 장자 번역에는 그의 비교종교학자적 역량이 장점으로 작용합니다. 동양을 사는 우리로서, 사람들의 심층에 깔린 사고를 파악하는데, 그의 풀이가 많이 도움됩니다. 번역도 우수 번역 중의 하나로 추천받았을 정도로 유려한 편입니다.

함께 읽을 책

1. 양 승권, 『장자: 너는 자연 그대로 아름답다』(한길사, 2013)

'소요유'와 '양생', '만물제동', '좌망'과 '심재' 등 장자의 주요 개념을 10개의 키워드로 뽑아서 해설합니다. 원전 전부를 읽지 않더라도 의미를 이해할 수 있도록 친절한 설명으로 배려하였으며, 더 깊은 연구를 위한 도서

목록과 핵심 개념어에 대한 정리가 많은 도움이 됩니다.

   2. 푸페이룽, 심 의용, 『장자교양강의』(돌베개, 2011 초
      판1쇄)

   교양 강의 시리즈는 익숙하지 않은 동양 고전의 감
을 잡도록 해주는 데 많이 도움됩니다. 이 책도 『장자』의
내용을 현재의 삶과 교감하도록 하는데 좋은 길잡이가
되어줍니다. 인상적인 것은 저자가 다른 중국 고전은 물
론 서양 사상과 장자를 비교하면서, 현대적인 적용을 시
도한다는 점입니다.

8. 독서법

– 성경의 눈으로 책 읽기

1. 성경 읽는 법

구체적인 작품에 관한 이야기를 나눴으니 앞으로 할 독서를 위해서 읽고 정리하는 방법을 나눌까 합니다. 말하자면 일종의 독서법이지만, 성경을 연구하고 살펴볼 때에도 적용할 수 있습니다. 우리는 생각보다 많은 책을 읽지만 그것을 제대로 살피고 정리하며 기억하는데 익숙하지 않아서 도움을 얻지 못합니다.

과연 어떻게 하면 읽은 책들을 잘 기억할 수 있을까요? 또 알게 된 지식이 따로 겉돌지 않고 씨줄과 날줄과 같이 얽혀서 아름다운 옷을 만들어 내듯이, 지혜가 되고 삶이 되는 방법은 무엇일까요? 또 성경에 대하여 이것을 적용해 어떻게 깊은 말씀의 세계에 들어갈지도 함께 고민해 보려 합니다.

다산의 격물독서법

언젠가 다산(茶山) 정약용 선생의 글을 읽으며, 그의 독서법에 관한 내용을 보았습니다. 정조의 승하 이후, 귀

양을 가게 된 다산은 아들 정 학유에게 편지를 보냅니다. 다산은 폐족(廢族) 신세가 되어 과거를 보아도 벼슬길에 오를 수 없게 된 것을 알고 아들이 공부를 게을리한다는 이야기를 들었습니다. 그런 아들을 꾸짖고 격려하기 위해 편지를 보내는데, 벼슬을 위한 공부가 아니라, 참 공부 방법으로 책읽기를 권합니다.

> 내가 최근 몇 년 동안 독서에 대해 자못 깨달은 점이 있다. 읽기만 해서는 비록 날마다 백 번 천 번을 읽는다 해도 읽지 않은 것과 마찬가지다. 무릇 독서란 매번 한 글자를 읽을 때마다 뜻이 분명치 않은 부분이 있게 되면 널리 살펴보고 자세히 궁구하여 그 근원되는 뿌리를 얻어야 한다. 그래야만 차례대로 글을 이룰 수 있게 된다. 날마다 언제나 이렇게 한다면 한 종류의 책을 읽더라도 곁으로 백 종류의 책을 아울러 살피게 될 뿐 아니라 그 책의 내용도 환하게 꿰뚫을 수 있게 될 터이니, 이점을 알아두지 않으면 안 된다.

여기에서 '자세히 궁구하여 그 근원 되는 뿌리를 얻어야 한다'는 말이, '격물(格物)'인데 사서삼경 중의 하나인 '대학(大學)'의 '격물치지(格物致知)'라는 구절에서 나왔습니다. 그래서 다산의 이러한 독서법을 '격물독서법'이라 합니다. '격물'이 무엇인가에 대하여 유학의 역사상 여러 논의가 있지만, 주자학(朱子學)에서는 사물을 자세히 살펴보고 궁구하여 그 근원까지 깨달음을 얻는 것이라 말합니다. 대충 읽고 말기보다, 모르거나 확실하지 않은 부분이 나왔을 때 자세히 살펴 연구하고 정리하는 책 읽기 방법입니다.

그런데 다산이 설명한 독서법을 살펴보면, 성경을 연구하는 방법과 매우 비슷합니다. 다산이 말한 독서법은 주로 유교 경전들을 대상으로 한 것이겠지만 말입니다. 글을 읽다가 모르는 표현이나 글이 나오면, 원래 그 글자가 무슨 뜻인지 자세히 살펴보고, 어느 책 어느 부분에 그 글이 나왔는지를, 『통전(通典)』이나 『통지(通志)』, 『통고(通考)』』같은 책, 성경으로 말하자면 성구사전, 콘코던스에서 용례를 찾아 그 출전의 전후를 살펴보면서 자신 나름의 정리한 책을 만들라는 것입니다. 만약 그렇게 하면 자신이 정리한 표현에 대해서는 대학자 앞에서도 당당히 토론할 수 있는 지식을 갖추게 된다는 것이죠.

끝까지(?) 찾아보는 성경 읽기

철저히 성경 본문을 연구할 때에도 동일한 방법이 적

용되지 않습니까? 성경 연구의 단계를 살펴봅시다.

첫째로, 애매하거나 잘 알지 못하는 표현은 사전에서 그 뜻을 잘 찾아봅니다. 여기에서 단어를 찾을 때 원래 쓴 언어로 해야 한다는 점이 중요합니다. 물론 한글 성경의 단어를 국어사전에 나오는 뜻을 보는 것도 얻는 바가 많이 있습니다. 하지만 말 그대로 '뿌리'까지 그 의미를 찾기 위해서는 원래 표현이 무엇인지 살펴야 합니다. 흔히들 사전 없이 줄줄 읽어야만 원어의 의미를 살펴볼 수 있다고 오해하지만, 알파벳만 읽을 줄 알거나 설령 모른다 해도 스트롱 코드[1]를 사용해서 사전을 찾을 수 있습니다. 먼저 권위 있는 사전을 통하여 단어의 뜻을 살펴보는 것이죠. 또 원어를 전혀 몰라도 여러 역본을 비교해 보면, 이해의 폭을 넓힐 수 있습니다.

둘째로, 성구사전이나, 프로그램 검색을 통하여 의미를 어느 정도 파악한 단어나 표현을 살펴봅니다. 다산이 『통전(通典)』 같은 책에서 표현을 찾아 출전을 파악하라고 했지만, 이런 면에서 현대 성경에는 훨씬 더 좋은 자

---

1 스트롱 코드(Strong's Code): 드루 신학대학원 교수였던, 스트롱 박사가 성구사전을 만들면서 성경 원어인 헬라어와 히브리어에 알파벳순으로 번호를 매겨 놓은 것. 이 번호를 사용하면 헬라어, 히브리어를 직접 입력하지 않아도 검색할 수 있고, 특정한 단어가 어떻게 번역되었는지 알 수 있다.

료들과 도구들이 많습니다. '하나님의 나라'이면 '하나님의 나라', '사랑'이면 '사랑'의 특정한 단어나 표현을 해당 성경이나 다른 문헌에서도 어디에 나왔는지 쉽게 찾을 수 있습니다.

셋째로, 그 개념이 어떻게 발전되었는지 주석과 사전 등을 찾아 의미를 파악합니다. 한 번에 너무 의욕적으로 그것에 관한 모든 신학자의 견해를 살펴보려면 금방 지치겠지만, 시간이 허락하는 한 중요한 표현, 단어들을 하나씩 하나씩 잘 연구하면 그리 시간이 오래 걸리는 작업도 아닙니다. 그런데 잊지 말아야 할 것이 있습니다. 보통 주석을 찾는데 지나친 노력과 시간을 쓰는 경우가 많으나, 첫째와 둘째의 본문 작업이 더욱 중요합니다. 만약 읽고 살피는 시간이 부족하다면 본문 자체로 뜻과 용례를 살펴보는 것을 우선으로 해야 합니다.

넷째로, 어쩌면 가장 중요한 작업으로 읽고 살펴본 내용을 정리해 놓는 것입니다. 목회자에게는 설교의 기회가 적지 않으니(너무 많아 걱정이죠!) 그 때마다 설교 원고와 그에 대한 연구 자료를 잘 정리해 놓으면, 최소한 자기가 설교하고 살펴본 부분에 있어서는 만만치 않게 깊은 이해를 갖게 될 것입니다. 게다가 말씀 전하는 자에게 주시는 성령의 밝게 비추어 조명(照明)하시는 은혜도 있으니까요.

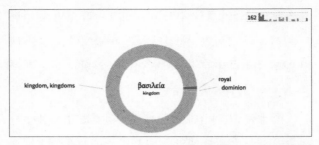

Logos Biblesoftware의 Bible Word Guide 중 일부

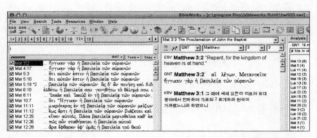

바이블웍스 9 검색화면의 일부

더 찾아보는 행복한 책읽기

그런데 일반 독서에서도 마찬가지 방법으로 살펴보면 이해에 큰 도움이 될 뿐 아니라, 지식과 지혜를 아울러 얻을 수 있습니다. 끝까지 찾아보는 열심이 건성건성 페이지만 넘기는 책읽기와 같을 수는 없겠죠. 그리고 무엇보다 마치 숨겨진 보물 찾기를 하듯 이해의 실마리를 찾아가는 독서는 재미있습니다. 위에서 소개했던 격물 독서법과 성경 읽기 방법으로 책읽기 순서를 정리해 보면

다음과 같습니다.

첫째로, 중요한 표현, 단어에 대하여 그 원래 의미를 살펴봅니다. 원작에 나타난 표현을 가급적 원래의 표현대로 그리고 여러 역본을 비교하여 이해합니다. 작품의 원서를 원어로 강독하는 것이 가장 좋겠지만, 궁금한 표현만 찾아보는 것도 읽기와 연구에 크게 도움이 됩니다. 어쩌면 가까스로 원서를 읽기만 하는 것보다도 다양한 번역본을 비교하고 단어를 깊이 살펴볼 때 더 체계적인 이해가 가능할 수도 있습니다.

그러면 다 찾을 수는 없고 어떤 단어, 표현을 찾아보아야 할까요? 작품의 제목, 주요 등장인물의 이름, 읽다가 느낄 수 있는 반복되는 표현에서 키워드를 찾을 수 있습니다. 예를 들어 김 은국의 『순교자』를 그냥 순교자로 제목을 이해할 때와 영어 원제인 The Matyred를 보고, 그냥 순교자가 아니라 의미상 "순교된 자"라는 것을 알았을 때, 또 matyr의 원래 의미가 목격자라는 단어에서 나왔다는 것을 알고 "목격된 자"라는 의미를 추론할 수 있다면, 제목 하나에서 소위 말하는 '스포일러'가 될 정도로 작품의 이해에 도움을 줍니다.

둘째로, 알고 싶은 단어나 표현의 용례를 찾는 것입니다. 성경의 경우야 다양한 성구사전과 도구들이 있지만 일반 작품들은 어느 부분에 단어, 표현이 나왔는지 어떻게 알 수 있을까요? 물론 저명한 고전 중에는 색인을 정리한 작품도 없지는 않으나 극히 드뭅니다. 없으면 찾아야죠. 처음 읽을 때부터 표현을 정리하리라 염두에 두고, 작은 작품 전체에서 중요한 키워드를 읽으며 정리하는 것입니다. 작은 책갈피나 요즘 많이 나온 색색의 플래그(색인용 스티커)를 이용해도 도움이 됩니다. 더 좋은 방법은 해당 작품의 텍스트 파일을 통하여 검색하는 것인데, 긴 세월을 뚫고 살아남은 고전일수록 이미 저작권이 소멸하여 본문 파일을 손쉽게 구할 수 있습니다.

셋째로, 그다음 '책에 관한 책'을 살피는 것입니다. 마치 성경을 살펴볼 때 주석을 참고하듯이 작품에 대한 연구서나 해설서를 보는 것입니다. 그러나 성경 본문에 대한 이해와 연구 없이 주석만 전전할 때 결코 바르고 깊은 말씀의 이해를 기대할 수 없듯이, 고전이나 다른 일반 서적도 마찬가지입니다. 먼저 본문을 읽고, 그다음에 연구서를 읽어야 합니다. 그리고 제대로 연구할 가치가 있는 책일수록 이 순서를 반복합니다. 본문 → 해설 → 다시 본문 → 다른 해설, 이런 방법으로 중심은 원래 본문에 두고 반복해 읽으며, 관련한 연구서들을 참고하면 전공자나 전문가까지는 아니어도 스스로 필요한 이해만큼은 어렵지 않습니다.

말씀을 사랑하는 신앙인이라면, 이런 내용을 좀 더 근원적으로 생각하여, 다른 일반 서적을 읽더라도 다시 말씀으로 돌아와 같은 화두(話頭)를 묵상하고 정련시킬 때, 책에 대한 이해나 성경에 대한 이해 모두 깊어질 것입니다.

넷째로, 그리고 어떠한 형태로든 꼭 정리하는 것이 필요합니다. 하다못해 제목 한 줄을 써, 기록으로 남겨놓을 때와 그렇지 않을 때에는 차이가 큽니다. 제목이나 기억에 남았던 문장, 느낀 바, 더하여 관련하여 함께 읽어보면 좋은 책들, 내용을 정리해 봅시다. 의욕이 앞서서 책 읽고 싶은 마음이 지치도록 정리를 하려면 문제가 되겠지만, 그 유용함은 아무리 강조해도 지나치지 않습니다. 너무 세련되지 않아도, 나중에 편집하고 사용하도록 자료를 정리하는 것이죠. 자신만의 자료가 쌓이면 글을 쓰거나 말씀을 전할 때에도 훨씬 수월합니다.

어떻게 찾을 것인가?

이렇게 연구하여 끝까지 의미를 찾는 책읽기를 위해서는 제대로 찾는 법을 알아야 합니다. 찾는 법을 찾고 찾는 법을 배워야 한다는 말씀입니다. 읽는 과정 가운데서 어휘나 표현을 찾아 연구하고자 할 때 과연 어떻게 해야 할 것인가? 막상 시도해보려 하면 익숙하지 않아 막막할 때도 잦습니다.

먼저 사전을 많이 확보하십시오. 가격이 많이 나가는 사전을 모두 구매해야 한다는 뜻은 아닙니다. 물론 많이 있을수록 좋기는 하겠죠. 하지만 최근에는 돈을 들이지 않고도 찾을 수 있는 사전이 적지 않습니다. 프로그램이나 인터넷 사이트에서 제공하는 사전들도 결코 만만하지 않습니다. 우리나라 포털 사이트, 네이버나 다음에서도 각국 유럽어들은 물론 라틴어까지 사전으로 제공해주고 있으며, 백과사전이나 전문 사전의 역할을 할 수 있는 사이트와 블로그, 카페들이 많습니다. 자신이 원하는 자료를 잘 전해주는 곳을 알고 있을수록, 그것을 이용하여 책이나 자료들에 대한 이해도 깊어질 수 있습니다.

성경 연구로 제한한다면, 성경 연구를 위한 프로그램 사용법을 익히라는 말씀을 드리고 싶습니다. 말씀은 말씀이 풀어나가도록 할 때 가장 깊은 의미를 드러내주며, 또한 과거에는 여러 자료를 제한된 시간 내에 살펴보는 일이 무척 어려웠지만 로고스, 바이블웍스, 어코던스 등 전문적인 프로그램을 사용한다면 몇 배나 쉬워집니다.

때로는 이런 연구 프로그램들이 현재 어느 정도의

자료를 얼마나 편리하게 제공하고 있으며, 또 얼마나 빨리 발전하고 있는지 널리 알려지지 않은 것 같아 안타까울 때가 많이 있습니다.

그리고 독서가들에게도 호불호가 많이 갈리는 편이지만, 단순한 읽기가 아니라 '격물독서법'을 위해서라면 e-book에 좀 더 관심을 가져야 합니다. 하나하나 원하는 표현을 찾고 정리할 때에 스스로 써서 정리하는 방법으로는 빠뜨릴 때도 많고, 번거롭습니다. e-book의 장점이라면 공간활용과 휴대성, 그리고 검색입니다. 문학 작품 가운데 주요 단어, 키워드를 검색하여 어느 부분의 묘사에서 사용되었는지를 확인해 보세요. 이전에 보이지 않았던 작품의 흐름이나 심층의 의미를 파악할 수 있을 것입니다.

배경과 관련 자료를 잘 찾기 위해서는, 검색 엔진 중에 구글을 익히시라 권해 드리고 싶습니다. 인터넷 검색 대부분 엔진 대부분에는 '검색식'이 있다는 점을 모르는 분들이 많으며, 잘 활용하는 분들은 더 소수입니다. 다양한 인터넷 검색 도구들이 있지만, 우리 나라 만이 아니라 세계 여러 곳에 있는 자료를 찾을 때 구글 활용은 큰 힘을 발휘합니다. 다음의 몇 가지 검색 연산자를 익히면 도움이 될 것입니다.

검색연산자	설명
" "	"그라티아"라고 검색하면, 문서내용에 그라티아라는 문자열이 포함하는 문서를 검색. 따옴표를 사용하지 않으면 문자열의 일부만 포함하는 경우도 검색한다.
and, or	구글은 기본적으로 여러 개의 단어를 입력하면 그 단어가 모두 나오는 것을 검색해 준다. 이러한 공백은 and로 바꾸어 검색할 수 있다. or 검색은 A or B 라고 검색하면 A가 나오는 경우와 B가 나오는 경우 모두를 찾아준다.
–	단어 앞에 "–"를 붙이면, 그 단어가 나오지 않은 경우를 검색해 준다.
intitle: allintitle:	페이지 제목에서 검색하는 연산자. intitle: 뒤에 나오는 한 단어에 대해서만 연산자 적용. alltitle: 뒤에 나오는 모든 단어에 대해서 연산자 적용.
intext: allintext:	본문을 대상으로 검색하는 연산자. intext: 뒤에 나오는 한 단어에 대해서만 연산자 적용. alltext: 뒤에 나오는 모든 단어에 대해서 연산자 적용.
site:	특정 사이트만 대상으로 검색. 예) site:www.bskorea.or.rk 대한성서공회 사이트 내에서만 검색

filetype:	원하는 파일 유형에서만 제한하여 검색 예) filetype:pdf pdf 파일만 대상으로 검색.
link:	페이지로의 링크를 찾음
inanchor:	링크 문자열 내에서 검색. 실제 URL이 아니라 텍스트로 표현된 형태의 링크를 검색

구글 검색 엔진의 검색 연산자

또한 구글의 경우, 언어의 장벽을 넘어 검색하는 데에도 도움을 줍니다.

translate.google.com에서 번역하는데, 한국어와 일본어, 그리고 영어와 다른 유럽 언어 사이처럼 언어 사이의 상관 관계가 높을 경우에는 꽤 자연스럽습니다. 많이 사용되는 단어는 거리가 먼 언어들도 해당 어휘를 외국 사이트를 보거나, 외국어로 된 자료를 보는데 유용합니다. 그리고 "사막"에 관련된 그림이나 사진을 찾는다고 할 때 "사막"이라고 한글로 검색할 때보다는, 번역 기능을 사용하여 아랍어로 "사막(صحراء)"이라고 찾을때 더 다양한 사진을 찾을 수 있습니다. 이미지만 검색하기 위해서는 images.google.com을 이용하세요.

또 일반적인 인터넷 검색 엔진이 아니라, 전문적인 자료들을 모아놓은 데이터베이스나 카페, 블로그를 즐겨 찾기로 정리해 놓으면, 책을 읽거나 성경을 연구하고, 자료를 연구할 때 큰 도움이 될 것입니다. 이런 사이트나, 카페 등의 주소는 고수들의 리스트를 소개받는 것도 좋지만, 직접 찾아 정리하면 더 큰 유익을 얻을 수 있음도 기억해 두세요. 언제나 고수들의 관심사가 나와 정확히 일치하지는 않는다는 것도 그 이유 중의 하나입니다.

어디까지 찾을 것인가?

말씀을 전할 때는 당시의 상황이 생생하게 전달되도록, 그리고 내가 독서할 때는 당시 상황이 나에게 살아 있는 것처럼 그려지도록 배경을 알 수 있으면 좋을 것입니다. 그러기 위해서는 정말로 찾아질 때까지 찾는 자세가 필요하지 않을까요?

예를 들어 마태복음 18장의 1만 달란트 빚진 자 비유를 설명한다고 해봅시다. 여기에서 1달란트가 얼마인지 알아야 말씀을 생생히 전달할 수 있을 것입니다. 일반적으로는 사전이나 참고 자료에서 '은이나 금 30kg 내외'라는 내용을 찾아 전달하는 것에 그치거나, 그게 대충 얼마입니다, 하는 정도겠지요. 어떤 경우에는 최소 2~30년전 계산된 미화 몇 불인지 전할 수도 있겠고요. 그러면 좀 더 철저히 생각해 봅시다. 금(金)은 지금도 거래가 되는 재

화입니다. 이 글을 쓰기 전날의 금시세를 알아보니 3.75g
한 돈에 174,000원입니다. 자 그러면 1달란트의 가치는
30kg÷3.75g×174,000원입니다. 13억9천2백만 원입니
다. 1만 달란트라면 13조 9천2백억 원이 됩니다. 대기업
이라면 빌릴 수 있는 금액일지도 모르겠습니다. 그런 사
람이 1백 데나리온 빚진 자의 목을 잡고 안 갚는다고 옥
에 가뒀다는 것이 어떤 의미일까요? 조금 더 나가본다면,
13조 9천2백억 원의 이자가 얼마나 되겠습니까? 1만 달
란트라면 1달에, 하루에 쌓이는 이자가 얼마일까요? 당
시 일반적인 사금융이 이율 연 30프로였답니다. 몇백 년
을 살고 열심히 일한다고 갚을 수 있는 빚이 아니라는 말
입니다. 갚을 수 없는 것을 탕감해 준 은혜라는 면이 더
생생하게 다가오지 않습니까?

나드 향유 같은 경우도 역시 감으로 이해하지 말고,
nardostachys jatamansi라는 나드의 학명을 찾고 그것으
로 만들어지는 향유가 어떻게 거래되고 현재 가격은 얼
마인지 살펴보시기 바랍니다. 꼭 성경만이 아니라, 일반
독서의 경우에도 배경지식을 한 번 철저하게 찾아놓으
면, 그것으로 인하여 실마리가 풀리듯이 이해되는 내용
이 많습니다.

맥락과 흐름 있는 독서

책읽기에 관한 글을 하나 둘 쓰게 되면서, 저에게도 읽을 만한 책 추천 리스트를 부탁하는 분들이 간혹 있습니다. 그러나, 다른 사람이 소개해준 리스트를 하나씩 지워가며 읽는 책읽기도 도움이 많이 되지만, 자신이 찾아가고 이어가는 독서가 더욱 중요합니다. 한 책을 읽고 그것에 연관되는 부분, 혹은 눈길을 끄는 부분으로 꼬리에 꼬리를 무는 독서가 재미도 있고 더욱 유용하다는 말씀입니다. 책 안에 있는 내용만이 아니라, 내가 읽을 책을 찾아가는 노력도 필요합니다. 도서관이나 서점을 이용해서 다음의 독서 목록을 이어나가는 훈련이 될 때 자신에게 가장 알맞은 도서리스트를 만들어 갈 수 있습니다.

책 한 권 한 권으로 생각하지 맙시다. 수년간 천착할 주제를 찾는 과정 아닙니까? 읽고, 또 말씀에 비춰보아 그것을 조율하고 다시 수정하고, 또 삶에 적용해보아 살아보고, 또 찾아보고 읽고, 구하고 묵상하고 이런 과정이 말씀과 세상을 이해하는 과정입니다.

읽고 깨달은 것을 꼭 정리하고, 나누라

다산의 격물독서법 가운데도 "자신만의 책으로 다시 정리하라"는 말이 나와 있습니다. 매우 중요한 권면입니다. 읽고 찾고 깨달은 것을 한 줄의 글이라도 써놓고 정리해야합니다. 종이 노트에 써도 좋고, Evernote 같은 도구를 사용하여 주제별로 태그하고, 체계적으로 정리하면 더 좋습니다. 나중에 다시 편리하게 꺼내어 쓸 수 있을 뿐 아니라, 자신이 정리한 것은 반복하여 볼 수 있고 또 다른 글쓰기의 좋은 준비과정입니다.

그런데 정약용 선생도 자세히 말씀하지 않은 한 가지가 더 있습니다. 기회가 있으면, 아니 기회를 만들어서라도 자신이 읽고 정리한 것을 나누라는 점입니다. 특별히 다른 사람이 찾거나 알고 싶어하는 것을 최선을 다해 도우라는 것입니다.

가르치는 사람은 그냥 배우는 것보다 몇 배의 가르침을 받게 됩니다. 신실한 설교자가 설교 가운데 스스로 가장 큰 은혜를 받는 이치입니다. 아는 체, 잘난 체하기 위해서가 아니라 돕고자 하는 마음으로 필요를 나눈다면 지식이나 깨달음에 있어서도 가장 효율적인 공부임을 알게 되리라 믿습니다.

"찾으라 찾아낼 것이요"라는 마태복음 7:7의 말씀이 하나님 아버지께 대한 기도에 대한 권면만이 아니라, 참된 진리의 말씀과 지혜를 얻고자 하는 우리에게도 적용시킬 수 있는 말씀이 아닐까 생각해 봅니다.

2. 고전 읽는 법

이어서 고전을 읽는 독서법에 대하여 말씀을 나눠볼까 합니다. 앞으로 더욱 힘차게 고전의 세계를 여행하기 위한 숨 고르기라고 할까요? 언제부터인가, 우리 주변에는 "인문학 열풍"이 불어, 고전에 대한 관심도 매우 높아졌고, 서점가에도 가장 잘 보이는 판매대 여러 명작과 고전들이 많은 자리를 차지하고 있습니다. 사람들이 최근 들어 "고전(古典)"에 관심을 기울이는 이유는 무엇일까요? 변형된 처세술이나, 자기계발서로 소개된 면도 없지 않은 것 같습니다. 기업에서 상식 있는 인재를 뽑는다고 하면, 아주 두꺼운 상식 참고서와 기출문제집이 서점가에 등장하는 것처럼, 창조적인 인재 이야기가 나오고 외국 유명 기업의 CEO들이 인문학적 소양 이야기를 하니, "고전"이라는 말과는 역설적으로 책 읽기가 성공을 향한 욕망을 만족하게 할 수 있는 새로운 시류로 등장하고 있습니다.

그런데 다시 질문을 던지게 됩니다. 우리 그리스도인들이 일반 인문 고전들에 관심을 가져야 할 이유는 무엇이 있을까요? 사실 우리에게 주신 성경 말씀 외에 꼭 가까이 해야 할 책이 무엇이 있겠습니까? 세상에서 성공을 거두자고 다른 책을 읽을 필요도 없고요. 하지만 그럼에도 불구하고 이 세상에서 살아가는 우리에게 인문 고전들을 가까이할 때 얻는 유익은 적지 않습니다. 세월의 강물에 떠내려가지 않고 전해진 글들에는 살펴볼 '뭔가'가 있기 때문입니다.

왜 우리가 일반 고전을 읽어야 하는가?

'황금률'로 알려진 마태복음 7:12에서는 "그러므로 무엇이든지 남에게 대접을 받고자 하는 대로 너희도 남을 대접하라 이것이 율법이요 선지자니라"라고 말씀을 기록합니다. 그런데 이 부분을 직역하여 옮기면, "무엇이든지 '사람들에게' 대접을 받고자 하는 대로 너희도 그들을 대접하라."입니다. 예수님께서 구약 전체를 요약하신 내용에 핵심에 '사람들'이 포함되어 있습니다. 묵상해 보면 예수님께서 자신을 인자, '사람의 아들'이라 부르신 것도 범상치 않습니다. 깊은 논의를 하지 않는다고 하여도, 복음을 들고 나가 섬겨야 할 대상이 "사람"이라면, 그

"사람"에 대한 깊은 이해가 필요하지 않겠습니까? 사람은 모두 죄인이다. 그들에게는 구원이 필요하다. 그들에게 복음을 전해야 한다. 이렇게 짧은 명제로 사람에 대한 이해와 사명을 정리할 수도 있겠습니다. 하지만 워낙 다양하고 때로는 사람 같지 않은 사람(?)도 만나는 우리가 보다 풍부한 이해와 다양한 접근을 하도록 돕는 것이 바로 고전의 역할이라 생각합니다.

짧게는 백 여년, 길게는 수천 년의 세월을 이겨 우리에게 전해진 책이기 때문에 고전이 가치 있다 하였습니다. 그 속에 시대를 초월하는 인간의 본성과 심성에 관한 통찰이 있으므로 인간에 대한 이해가 깊어지고, 때로는 인간의 이해가 깊어질 때 우리에게 주시는 말씀의 이해도 깊어집니다. 그리고 고전의 가치는 전혀 다른 배경의 사람과 "공통의 화제(話題)"로 삼을 수 있다는 점입니다. 일종의 접촉점이죠. '그건 옛날이야기고, 요즘은 영화보고 이야기하면 되지 않을까?'라고 생각하실지 모르겠습니다. 하지만 영화의 스토리가 순수하게 영화만을 위해서 창작된 경우는 드물고, 원작이 있거나 혹은 작가가 의도하지는 않았더라도 신화, 고전 등의 문학 작품의 뼈대와 구성을 가져오는 경우가 대부분입니다. 예를 들어 봉준호 감독의 "설국열차"의 경우 프랑스 만화, 장 마르크

로세트의 『설국 열차』가 원작이라는 것은 널리 알려져 있습니다. 그런데 이 만화를 보면, 계급에 대한 분류와 여러 기괴한 분위기, 그리고 사람들의 만족을 위해 주는 일종의 마약과 같은 약에 대한 이야기가 올더스 헉슬리의 『멋진 신세계』를 떠올리게 됩니다. 그리고 더 거슬러 올라가자면, 예브게니 자마찐의 『우리들』, 그리고 토마스 모어의 『유토피아』 등등에 이르기까지 그 조상(?)뻘되는 작품을 이해하고 있을 때, 새로 나오는 영화들이나 드라마에 어떤 내용이 함의되어 있는지도 눈치채고, 해석 적용할 수 있다는 것이죠.

기독교인으로서, 특별히 사역자로서 새로 나오는 모든 영화들 작품들을 전부 분석하고 그 주장하는 바가 무엇인지 언제 파악하고 있겠습니까? 사람들의 마음을 흔들어 놓는 '이야기'들이 바로 책에 담겨있습니다. 계보를 거슬러 올라가 현대 미디어 작품들의 조상 뻘 되는 고전을 이해하고 있다면, 그 후에 새로 나오는 사상과 문화에 대하여 주장하는 바와 이야기하고자 하는 내용이 무엇인지 본질적인 파악과 대처가 수월하다는 것입니다.

무엇부터 읽을 것인가

그러면 기독교인으로서 어떤 책, 어떤 고전부터 읽

는 것이 좋을까요? 다양한 책을 통해 이미 독서 능력이 어느 정도 있는 분이라면 상관이 없겠지만, 처음부터 부담스럽거나 지나치게 두꺼운 책은 피하십시오. 의욕만으로 훈련과 연습 없이 바로 체육관에서 100kg이 넘는 역기에 도전했다가 크게 다칠 수 있듯이, 책도 마찬가지입니다. 본격적인 책 읽기의 시작은 어린 시절 읽기는 읽었으나 축약된 아동용으로 읽었던 책들을 완역된 것으로 다시 읽는 것이 가장 수월합니다. 과거 재미있게 읽었지만, 그 의미를 잘 이해 못했던 책들을 다시 잘 살펴보며 읽는 것이죠. 예를 들어, 걸리버 여행기, 로빈슨 크루소, 동물농장, 허클베리 핀의 모험, 톰 소여의 모험 등, 우리가 아이들을 위한 책으로 알고 있지만, 사실은 문학사에 있어서 큰 자취를 남긴 작품들이 많습니다. 동화책도 나쁘지 않습니다. 어른이 된 입장에서 다시 읽어본다면, 예전에 얻지 못했던 통찰들을 깨달을 수 있거든요. 다시 한 번 강조할 것은, 청소년이 읽는다고 하여도 편집자가 임의대로 생략하고 경우에 따라 덧붙인 내용도 있는 청소년용, 아동용은 피하는 것이 좋습니다. 어쩌면 이해가 가지 않는 내용을 만난다는 것이 고전이 우리에게 주는 가장 중요한 기능일 수도 있습니다.

다음으로는 영화나 다른 매체를 통해서 접해본 작

품에 도전하는 것입니다. 아무래도 줄거리를 알고, 흥미를 가지게 되었으니 전혀 모르는 책에 도전하기보다는 수월합니다. 물론 2~3시간 길이의 영화는 아무리 잘 만들어도 원작을 압축해 놓은 것입니다. 본래의 작품이 독서 의욕을 꺾을 정도의 길이를 가진 경우도 없지 않고요. 게다가 그 내용이 심오하고 정말 만만치 않은 경우도 많습니다. 예를 들어 '레 미제라블'이라는 영화를 보고 감동을 받았다 하여도, 2천 페이지 넘는 번역본을 읽고 또 그 의미를 파악하는 것은 끈기가 필요하지 않겠습니까? 물론 그 거대한 산(?)을 넘고 나면, 아무리 잘 만들어도 영화가 왜 원작을 따라올 수 없는가 공감하게 되겠지만요. 다른 매체를 통하여 접한 작품들은 그래도 줄거리를 알고 성취감을 위해서도 도전해 볼 만할 뿐 아니라, 영화나 기타 뮤지컬 등이 화제가 되었을 경우 언론과 인터넷상에서 작품의 분석도 쉬이 만날 수 있다는 장점도 있습니다.

그리고 조금이라도 책읽기 훈련이 되신 분이라면, 러시아 문학 쪽으로 시작해보기를 권합니다. 도스또옙스키, 톨스토이 작품에는 신앙적으로도 깊이 있게 생각할 묵상할 내용이 많이 담겨있어 인간과 구원의 문제를 깊이 고민해 보는 데 큰 도움이 되리라 생각합니다.

어떻게 독서 목록을 확장해 나갈 것인가?

1.꼬리에 꼬리를 무는 독서

하나의 책을 읽고 나면, 그다음에 읽어나가는 것은 더 수월합니다. 특별히 대부분의 책에는 뒤에 해설 부분이 나와 있는데, 그리 길지는 않아도 어떤 작품에 영향을 받았는지, 그리고 후대의 어떤 작품이나 사조에 영향을 주었는지가 정리된 경우가 많죠. 그렇게 꼬리에 꼬리를 무는 독서를 하다 보면, 자신의 나름대로 눈이 생깁니다. 작품 뒤에 나오는 정도의 간단한 안내만 책을 읽을 때마다 더한다고 해도, 쌓이다 보면 훌륭한 지침이 되지요.

2. 독서리스트를 만들어라

자신만의 독서리스트를 만들어 가는데, 더 편리하고 좋은 방법은 읽을 책을 구할 때, 인터넷 주문을 이용하지 않고 서점이나 도서관을 직접 이용하는 것입니다. 왜 그럴까요? 도서관이나 서점에는 책에 관하여 잘 아는 전문가들이 비슷한 서적들을 비슷한 장소에 잘 정리해 놓았기 때문입니다. 꼭 사려는 목적이 아니라 하여도 서점가를 둘러보거나, 특별히 지역 도서관을 이용하면 문학작품이나 고전들은 원하는 책들에 관한 정보를 쉽게 얻을 수 있습니다. 주의할 것 한 가지는 서점에서 눈에 잘 띄는 판매대에 있는 것이 아니라, 항목별로 분류한 책장을 익혀놓는 것이 필요하다는 것이죠. 판매대에는 말 그대로 잘 판매될 책이 모여 있거나 마케팅을 열심히 하는 출판사의 책이 있는 경우가 많습니다. 출판사와 서점이 팔고 싶은 책과 내가 유익하거나 읽으면 좋아할 책들은 분명 똑같지 않습니다. 그때 그때 나온 신간들을 읽는 것도 필요하지만, 자신만의 독서 호흡을 잃지 않는 것이 더 중요합니다. 이 부분은 언론과 인터넷, SNS에서도 마찬가지입니다. 신간에 대한 정보는 얻되 나에게 맞는 독서의 속도와 방향을 잃지 말아야 하겠습니다.

3. 전작주의 독서

또 다른 좋은 방법은 전작주의 독서입니다. '전작주의'란 한 작가의 작품을 모두 읽는 것을 말합니다. 예를 들어 조지 오웰의 『동물농장』을 읽게 되었다면, 이어서 그의 『1984』, 『버마시절』, 또 남겨진 수필들을 찾아서 읽는 것이죠. 이 방법의 장점은 그 작가에 대한 이해가 쌓이고, 전체 작품으로 작가의 사상을 조망할 수 있다는 점입니다. 그리고 아무래도 첫 번째 책을 읽을 때보다 다음 책을 읽을 때 읽는 속도와 이해가 모두 깊어집니다. 단지 작품 하나를 이해하는 것과 작가의 사상과 생애를 오롯이 파악했다는 것에는 차이가 있을 것입니다.

4. 책을 소개하는 책을 활용하라

그래도 막막하고 어렵게 느껴지십니까? 그렇다면 독서의 의욕을 좀 더 북돋우는 방법을 말씀드리죠. 바로 책을 소개하는 책을 활용하는 것인데요, 최근에는 고전보다 더 흔하게 찾아볼 수 있을 정도로 고전에 관한 책, 책을 소개하는 책들이 많이 출간되어 있습니다. 한 5분이면 읽을 수 있는 길이로 각 권을 요약한 글들도 적지 않고요. 그러나 기억하십시오. 이런 책은 놀이동산의 지도와 같습니다. 테마파크 입구 앞에 놓인 지도는 제한된 시간 내에 효과적으로 놀이시설을 이용하는데, 도움이 되지만, 그것을 꼼꼼히 읽었다고 해서 직접 긴장감을 느끼며 소리도 질러보고 타는 것과는 비교할 수 없습니다. 아무리 권위 있는 대학과 기관의 추천 도서들도 마찬가지입니다. 있는지도 몰랐던 책에 대하여, '이런 것도 있었군.'하며 안내를 받을 수는 있겠지만, 나에게 딱 알맞은 독서 리스트는 세상 어디에도 없습니다. 아무리 하버드의 석학이나, 타임즈와 같은 권위 있는 언론에서 추천했더라도 말입니다. 참고하고, 또 내가 읽을 책이 얼마나 되는지 점검하며 책 읽기의 동기 부여하면 되는 겁니다. 죽기 전에 꼭 읽어야 할 몇 권 리스트나, 세계문학사상 위대한 작품 몇 선이라고 할지라도 그것은 일반적인 이야기일 뿐입니다. 신앙인과 비신앙인이 어떻게 같을 수 있겠습니까? 그리고 서양과 동양문화권의 추천도서가 같을 수 없을 것입니다. 10대 후반의 청소년과 인생의 경험이 있는 4~50대가 읽을 추천도서도 같을 수 없겠고요. 그리고 이미 읽어온 '쌓인 독서'에 따라 그 다음 읽어야 할 리스트는 변할 수밖에 없습니다. 본격적인 독서의 갈피를 잡기 위해 무슨 무슨 콘서트, 절대지식 ~고전 같은 책들을 마음껏 활용하십시오(구매는 하지 말고 빌려보시기만 해도 된다고 살짝 말씀드립니다).

5. 출판사의 시리즈에 주목하라

하지만 그것은 책읽기의 시작이 되어야 하지, 마침이 될 수는 없습니다. 다만 특정 분야에 집중하는 각 출판사의 "시리즈"에 주목하십시오. 문학 작품의 경우도 전집 전체가 동일한 정도의 수준을 유지한다고 볼 수 는 없지만, 특정 분야에 강점을 가지는 출판사의 시리즈를 잘 찾으면 독서의 광맥을 찾은 것 같습니다. 예를 들어, 숲 출판사의 그리스·로마 등 서양고전 시리즈라든지, 자신이 흥미롭게 읽었던 작품이 속한 시리즈를 들추면 취향에 맞는 책을 만날 것입니다.

6. 그 분야의 역사에 관한 책을 참조하라

특정 분야에 대한 책 읽기가 제법 쌓인 경우에는, 체계적인 독서를 위해 그다음 순서로 읽어야 할 책이 있습니다. 바로 해당 분야 역사에 관한 책입니다. 이것은 인문고전에 관한 이야기뿐 아니라, 기독교 경건 서적이나, 신학 서적에 있어서도 마찬가지입니다. 문학에 관심이 가면 해당 문학사에 관한 책을, 철학에 관해 흥미가 있으면 철학사에 관한 책을 읽는 것입니다. 너무 부담되는 책을 꼭 읽어야 한다는 말씀은 아닙니다. 그리고 기독교 관련 서적에 있어서도 교회사와 신학사에 관한 책을 읽으면 체계적인 이해가 생기고 어떤 맥락 안에서 개개의 작품을 이해하여 전혀 엉뚱한 이해를 하지 않도록 막아주게 됩니다.

어떻게 이해할 것인가?

자연스럽게 이제 각 책들을 이해하는 방법에 대하여 말씀 나눠야겠습니다. 막연하게 '좋다니 한 번 읽어볼까?'에 그쳐서는 재미도 없고, 제대로 이해하기 어렵습니다. 먼저 이해의 시작은 제목에 있습니다. 표지를 펼쳐 내용으로 들어가기 전에, 왜 이것으로 제목을 정했을까? 질

독서법 – 고전 읽는 법 · 331

문을 던져 봅시다. 그리고 책 뒤의 해설이든 인터넷 검색을 통해서든 책 제목과 주요 등장인물의 이름에 대해 뜻을 알아보고 고민해 보시기 바랍니다. 제목이 외국어라면 사전을 찾아 원래 그 뜻이 무엇인지 찾아봅시다. 사소하지만 제목과 이름이 이해의 키워드를 제공해 주는 경우가 많습니다. 예를 들어 『레 미제라블』 보면, 원제의 프랑스어 의미는 "불쌍한 사람들"입니다. 청소년용 책에서 제목을 붙이듯이 『쟝 발장』으로 해서는 한 사람에 대한 스토리만 보게 되어 평면적인 이해하게 되지만, 주인공만인 아니라 팡틴, 코제트, 쟈베르에 이르기까지 이들이 왜 과연 불쌍한 사람들인지 생각하며 독서하면 풍부하고 입체적인 독서가 가능합니다. 어떤 모임이나 짧은 글쓰기에서도 제목 정하기가 얼마나 어렵습니까? 대문호가 위대한 작품을 남길 때 제목을 허투루 정하지는 않았겠죠?

그리고 어떤 배경에서 나온 작품인가를 꼭 확인해 보시기 바랍니다. 분량과 내용 면에서 도전하는데 용기가 필요한 플라톤의 『국가』와 같은 책도, 스승 소크라테스가 죽은 펠로폰네소스 전쟁 뒤의 혼란기에 쓰인 배경에 대해 충분히 알고 있다면 이해에 많은 도움을 줍니다. 즉 작품이 나왔던 시대적 배경은 무엇인가, 그리고 이 작품을 쓴 작가의 생애는 어떠했는가 살펴보십시오. 배경에 대하여 전혀 알지 못했을 때보다 작품을 통해 저자와 대화하는 데 큰 도움이 될 것입니다.

　　문학 작품을 이해할 때에는 특히 물건과 상징에 주의합시다. 우리가 영화나 드라마를 볼 때에, 갑자기 어떤 물건이 클로즈업된다면, 내용이 전개되는데 특별한 의미를 가지고 있다는 뜻이겠죠? 소설에서도 마찬가지 입니다. 어떤 물건이 나올 때 고전으로 남을 만한 훌륭한 작품일수록 아무런 이유 없이 나오지는 않습니다. 어떤 물건이 특별히 자주 등장한다면, 혹은 어떤 색에 대한 묘사가 자주 나온다면 그것은 무엇을 상징하거나 특별한 의미를 가지고 있다고 보아도 틀리지 않습니다. 눈에 자주 띄는 묘사가 나온다면, 옆에 메모해놓으시거나 이북을 통해 보신다면, 그 표현이 어디에 나왔는지 검색을 통해 확인해 보시기 바랍니다. 경험을 통해 말씀드린다면, e-book이 종이책보다 집중이나 이해도를 떨어뜨리는 것이 아니라, e-book을 통해 책을 어떻게 읽고 정리를 해야할지 아직 방법이 익숙하지 않을 뿐입니다. 세계문학이나 고전들은 e-book을 통해 출간된 것들도 상당히 많기 때문에 독서에 큰 어려움은 없을 것입니다.

어떻게 정리할 것인가?

책을 이해하는 가장 좋은 방법은 저자가 책을 통해 혼자 떠들도록(?) 하지 말고, 내가 저자와 대화하는 법을 익히는 것입니다. 때로는 부담 없는 담소가 될 수도 있고, 치열한 논쟁과 토론이 될 수도 있습니다. 여백이나 노트에 자기의 의견이나, 기억에 남은 구절들을 기록하고 또 마음에 들거나 주목할 표현에는 밑줄도 긋고 플래그나 접착식 메모 용지를 이용해 표시하고 구분합니다. 그리고 시간이 좀 걸려도 책 전체에 대한 감상이나, 기억해야 될 것들을 꼭 정리해 놓으시기 바랍니다. 그리고 기회 될 때마다 다른 사람과 나누는 것! 가장 좋은 이해의 방법입니다.

이런 질문을 받을 때가 있습니다. 좋은 책을 여러 번 읽는 것이 좋습니까, 아니면 책을 여러 권 읽는 것이 좋습니까? 사실 답은 나와 있습니다. 여러 권의 좋은 책을 여러 번 읽는 것이 가장 좋습니다. 약간의 설명이 필요하겠습니다. 한 가지 책을 정하면 처음에는 줄거리 파악이나 인상을 느끼는 정도로 읽으세요. 다 읽으면, 그 책에 관련된 해설들이나 연구서를 읽습니다. 그 후에 처음에 읽었던 책을 다시 읽습니다. 이 때는 번역이 달라지는 것도 괜찮습니다. 그 후에 관련된 책 읽고 다시 처음 읽었던 책을 읽고 하는 방식으로 읽어나가면, 여러 번 읽은 책만이 아니라 시대와 사조에 대한 폭넓은 '눈'을 갖게 됩니다.

어떤 번역을 읽을 것인가?

한글로 된 한국 고전을 읽지 않는 이상, 고전은 원전에서 번역한 것들입니다. 그래서 이해를 위해서는 좋은 번역을 고르는 과정이 하나 더 남아있습니다. 어떤 책을 읽을지에 대한 고민 못지않게, 어떤 번역책을 읽을 지도 고심해야 합니다. 한국에 번역되었다는 사실이 기적과 같은 작품은 논외로 하더라도 특히 고전은 여러 번역본이 있습니다. 일단 몇 가지 기준을 말씀드리겠습니다.

① '원문'에서 번역된 책들을 택할 것. 영어나 일어를 거치지 않고 해당 원문에서 직접 번역된 것을 말합니다.

② 번역자의 다른 번역 작품을 참고할 것. 비슷한 작품들을 여럿 하신 분이라면 신뢰할 수 있습니다.

③ 나에게 크게 부담 없는 번역을 택할 것. 너무 유려한 번역체도 조심해야 합니다. 왜냐하면 원문과 거리가 있도록 많이 다듬은 글일 수도 있기 때문입니다. 하지만 예전에 번역되어 한자투의 단어가 많이 나온다면 1-20대가 읽기에는 부담이 될 것입니다.

정말 제대로 읽고 싶은 고전을 만났다면, 성경 연구를 제대로 할 때의 방법에서 힌트를 구하시기 바랍니다.

① 원어에서 직역한 것, 중역했거나 이해하기 쉽게 풀어서 쓴 번역 여러 가지를 구한다.

② 원서 텍스트를 구한다. 고전일수록 인터넷에서 무료로 본문을 구할 수 있는 경우가 많습니다.

③ 번역이 잘 되었다 인정받는 번역본을 중심으로 비교해 가며 읽는다.

이 방법입니다.

2000년대 이후 문학 작품에 대한 번역 비평서들도 몇 권 나와 있습니다. 좋은 번역서들이 많이 나온 2010년대가 반영되지 않았다는 단점은 있지만, 번역본을 정할 때 참고하는 것도 좋을 것입니다.

성경의 관점으로 읽기

그리고 참으로 중요한 것은 고전을 읽고서 어떻게 성경적 관점에서 소화하고 때로는 논박하고, 대화할지입니다. 아는 만큼 보인다고 말씀에 대한 이해가 깊을수록 더 좋은 책과의 대화가 이뤄지겠죠. 목회자라면, 예화로 '써먹기' 위해 소화되지 않은 고전을 인용하기보다 책

속에 나타난 인간상을 말씀을 통해 비춰보는 훈련이 있
어야겠습니다.

아무리 복잡한 책이라 하여도 한번 말씀을 통해 다
음 질문을 던져 보시기 바랍니다.

① 인간은 죄인이다. 그 인간의 죄가 어떤 모습으로 나
  타나고 있는가?

② 인간 사이에는 어떤 갈등이 있는가? 그것을 어떻게
  극복하려 하는가?

③ 구원은 어디에서 오는가? 인간이 하는 구원의 노력
  이 어떤 결과를 낳았는가?

④ 지금 내가 속한 곳에서 작품에 나타난 상황과 유사
  한 모습은 없는가?

사상을 다룬 책, 특히 동양 사상을 다룬 책에서 던질
질문도 있습니다.

① 성경 말씀과 유사하거나 동일한 가르침은 무엇인가?

② 인간 이해에서 결정적인 차이는 무엇인가?

③ 피상적인 말씀 이해를 더 깊이 있게 해주는 면은 없
  는가?

질문은 던지면서 꼭 필요한 것은, 말씀으로 돌아가

말씀을 '자세히' 살피는 것입니다. 서양 고전 문학 작품에서는 직접적인 성경 구절이 등장하는 경우도 있습니다. 그렇다면 저자의 해석이나 전개 방식에 휩쓸려가지 말고, 꼭 해당 성경 구절을 하나하나 자세히 살펴보고 연구해 보시기 바랍니다. 그러면 마치 하나의 말씀을 가지고 이해를 나누듯이 훨씬 풍성하고 정확한 이해가 가능할 것입니다.

독서를 위해 내 마음의 허영을 이용하라!

책을 읽지 않더라도 우리는 텔레비전과 영화, 그리고 인터넷을 통해 다른 사람들과 그 사람들로 이루어진 세상에 대한 이해를 쌓아갑니다. 하지만 더욱 깊은 본성에 대한 숙고는 체계적인 독서를 통해서가 아니라면 이루어지기 힘듭니다.

사람은 참 유치한 면이 있어서, 자신이 조금 아는 것을 드러내기를 좋아합니다. 책읽기에 그런 나 자신의 허영(?)을 조금 이용해 보는 것은 어떨까요? 1년에 얼마나 책을 읽는지 번호도 매겨보고, 50권이면 50권, 100권이면 100권 목표를 세워봅시다. 그리고 옆에 있는 사람이든, 아니면 SNS를 통해서든 책을 통해 깨달은 통찰을 나눠봅시다. 빠르지는 않지만 깊은 재미를 책읽기에서 느낀다면, 어제 본 개그 프로의 유머만을 나눌 때보다는 좀 더 풍성한 삶이 되지 않을까 생각합니다.

참고할 만한 책

자 이번에는 스스로 서점가와 도서관에서 나만의 리스트를 만들어 봅시다.

독서법에 관한 좋은 책

1.

2.

3.

크리스천을 위한 고전 목록

1.

2.

3.

문학 작품의 번역에 관한 책들

1.

2.

3.

고전은
짧게는 100년, 길게는 수 천년의 세월을
견뎌내면서 살아남았습니다.
그만큼 시대와 문화를 초월해
공감할 수 있는 이야기를 담고 있습니다.
우리도 한 번 귀 기울여 봅시다.

책 읽기와 여행

책 읽기와 여행은 비슷합니다. 같은 지역을 여행해도 느낌이 다르듯이, 같은 책을 읽었어도 같은 '독후감'이 나올 수는 없습니다. 길을 잘못 들면 난처한 일이 생긴다는 점에서도 여행과 독서는 유사합니다. 특히나 오래된 거리나 오래된 책은 더 그렇습니다. 왜 이리 길이 꼬불꼬불할까요? 막다른 골목도 많아 되돌아 나와야 하기도 합니다. 오래된 책도 그런 느낌이 들 때가 많습니다. 하지만 그 답답해 보이는 그 골목길들이 사람을 만날 수 있고, 말을 건네기도 부담이 적습니다. 정감이 있지 않습니까. 책도 마찬가지입니다. 오래된 책들이 정감을 느낄 수 있습니다. '진국'이라 할까요?

세상 어디에도 없는 곳 유토피아에서, 모래바람 부는 전쟁의 현장, 그리고 러시아의 뻬쩨르부르크의 누추한 빈민굴과 피 흘리는 순교의 현장까지 다양하게 다니며 많은 사람과 여러 이야기를 나눠봤습니다. 너무 피곤하지는 않으셨습니까? 어떤 책이, 어느 장면이 제일 기억에 남으셨습니까?

하지만 아무리 생생하게 이야기를 전하고, 또 많은 사진을 보여드린다 해도, 직접 다리가 아프도록 거닐고, 맛난 음식을 맛보고, 사람들을 만나 교제하는 행복을 대신할 수는 없습니다.

이제 여러분도 떠나보시기 바랍니다. 때로는 꼼꼼한 목록을 가지고, 하나씩 찾아가도 좋고, 불현듯 떠나고(?) 싶을 때 손에 잡히는 책을 펼쳐도 좋습니다. 다만 길을 잃거나 헤맬 수 있으니, 한 권의 중요한 책, 나침반은 꼭 붙잡으시고요. 저도 그랬듯이, 여러분들의 행복한 여행기를 기다리고 있겠습니다.